COURS COMPLET

DE

PHILOSOPHIE,

OU

ÉLÉMENS DE PHILOSOPHIE.

ÉLÉMENS

DE

LOGIQUE

A L'USAGE DES GENS DU MONDE,

FORMANT LA PREMIERE PARTIE D'UN
COURS COMPLET DE PHILOSOPHIE.

*Par M. l'Abbé SAURI, ancien Professeur
de Philosophie en l'Université de Montpellier.*

A PARIS,

Chez VALADE, Libraire, rue S. Jacques,
vis-à-vis de celle des Mathurins.

M. DCC. LXXIII.

Avec Approbation & Privilege du Roi.

PRÉFACE.

EN parcourant les Ouvrages de Philosophie qui ont eu le plus de réputation, il est aisé de s'appercevoir qu'ils ne sont pas à la portée du commun des gens du monde, encore moins à la portée de ce sexe aimable, l'ornement & l'agrément de la société, & dont l'éducation me paroît trop négligée. Parmi ces Ouvrages, les uns sont écrits dans une langue que bien peu de gens entendent passablement; les autres supposent des connoissances de Mathématiques qui se trouvent bien rarement dans la classe des Citoyens, à laquelle notre Ouvrage est principalement destiné. Cependant la Philosophie est une science qui intéresse également les riches & les pauvres, les jeunes & les vieux, les gens du grand monde comme le bourgeois, les hommes & les femmes. Il importe à tout homme de raisonner juste, de se connoître, de savoir distinguer le vrai du faux, le bien du mal, de connoître son ame, son corps, la structure de ce vaste univers & l'auteur de tant de merveilles ; or, la Philosophie est la science de toutes ces choses.

Il me semble qu'on peut rapporter toutes les sciences naturelles & philosophiques à la Logique, à la Métaphysique, Morale, Physique & Mathématiques. La Logique apprend à raisonner, à juger, à trouver la vérité & à la faire connoître aux autres ; elle est comme la clef des autres sciences.

La Métaphysique prend un vol plus hardi, elle contemple l'être en général & ses propriétés, la nature des esprits créés, & celle de Dieu même. On voit par-là combien cette science est vaste, sublime, intéressante.

La Morale apprend aux hommes à connoître ce qu'ils doivent à l'Etre suprême, ce qu'ils doivent à la Société, au Gouvernement. Cette science traite donc de la moralité des actions, de l'honnête

& du déshonnête , du juste & de l'in-
juste, du bien & du mal moral , des vertus & des vices , des crimes & des ré-
compenses. Elle fait voir que la félicité
naturelle de l'homme ne consiste ni dans
les richesses, ni dans les honneurs , ni
dans les dignités, ni même dans le pouvoir
souverain , mais dans une conscience qui
n'a rien à se reprocher, & dans la tranquillité de l'ame. Tout ce qui regarde les
rapports naturels qu'il y a entre Dieu &
les hommes, entre le Créateur & la créa-
ture raisonnable, entre les hommes consi-
dérés comme vivans les uns par rapport
aux autres, est du ressort de cette partie de
la Philosophie. Elle traite donc des devoirs
naturels des hommes envers Dieu & du
culte qu'ils doivent rendre à l'Etre suprême. Elle considere les devoirs des hommes vivans dans la Société politique, les
Loix utiles ou nuisibles dans les différentes especes de Gouvernement , les
droits des Princes & des Peuples qui leur
sont soumis. Tout ce qui regarde le droit
naturel , le droit des gens , qui n'est

autre chofe que le même droit naturel, en tant qu'il renferme les rapports naturels qui lient les différens Peuples les uns avec les autres, le droit public ou les Loix qui ont rapport à l'utilité, à la tranquillité de la République ; toutes ces chofes font du reffort de la Morale.

La Phyfique dans fon vol audacieux entreprend de connoître & de mefurer le ciel & la terre ; elle confidere la nature des corps terreftres, celle des forces par le moyen defquelles ils agiffent les uns fur les autres, les loix du mouvement des corps à reffort & fans reffort ; elle apprend à conftruire des machines pour multiplier les forces humaines : les grues, les cabeftans, les vaiffeaux qui vont nous chercher les merveilles de l'Afrique, de l'Afie & de l'Inde lui doivent leur exiftence. Elle traite des corps fluides, de leur nature, de leur action fur les folides & réciproquement. Elle nous donne les moyens d'élever les eaux, de les tranfporter fur les montagnes, de les faire fervir à la fécondité des terres & à l'embelliffement des jardins. C'est à la Physique que nous devons l'art des écluses, & de faire voguer, sur les plus hautes montagnes, des vaisseaux pesans, qui sembloient n'être faits que pour habiter les rivieres & les mers. C'est à la Physique que nous devons la belle machine de Marly celle de la Samaritaine, & tant d'autres belles machines hydrauliques, dont il seroit trop long de faire l'énumération.

Une partie de cette Science, connue sous le nom de Botanique, nous fait connoître la nature des Plantes, la maniere dont elles végetent, les causes de leur accroissement, leurs propriétés utiles & nuisibles dans la Médecine (1).

Une autre partie de la même Science nous intéresse de plus près : elle nous apprend à connoître ce qui se passe en nous-mêmes, les effets que les différens corps peuvent

---

(1) Sous le nom de Médecine, on comprend ici non seulement l'art de guérir, mais encore la Science du corps humain, l'Anatomie & la Physiologie.

produire fur le nôtre ; par quels moyens
l'économie animale peut fe déranger &
fe rétablir ; quelles forces font circuler le
fang & les autres humeurs du corps humain, comment fe fait la digeftion, la
fecrétion des différentes humeurs ; comment l'homme naît, croît & meurt ;
quels font les moyens naturels de jouir
d'une bonne fanté, & de fe procurer une
longue vie.

Une autre partie de la Phyfique, connue
fous le nom de Chymie, nous apprend à
décompofer & à compofer les corps. Elle
nous fait connoître la nature de leurs
principes, & elle nous enfeigne à les combiner pour en former de nouveaux corps.
Elle apprend à tirer des entrailles de la
terre l'or & l'argent (qui auroient dû,
pour le bonheur des hommes, y refter
enfevelis pour toujours), & les autres
métaux dont les hommes retirent un fi
grand avantage. Car de quelle utilité n'eft
pas le fer, & que ferions-nous fans ce
précieux métal ? Comment pourrions-nous
couper les arbres, tailler les pierres dont

nous avons besoin pour nos bâtimens ?
Par quels moyens pourrions-nous suppléer
à nos couteaux, à nos ciseaux, à nos mar-
teaux, &c. ? Mais le même fer est la
matiere dont nous forgeons les épées pour
nous égorger mutuellement, les mortiers
& les canons dont nous nous servons pour
détruire les Villes & leurs habitans ; ce n'est
pas pour de tels usages que le Créateur
de l'Univers nous en a fait présent. Mais
de quoi l'homme n'abuse-t-il pas ?

L'Optique (1) est encore une partie de
la Physique. Cette Science nous fait connoître la nature & les propriétés de la lumiere ; elle nous apprend l'art de faire
des lunettes propres pour ceux qui ont
la vue trop courte ou trop longue. C'est
à l'Optique que nous devons ces instru-
mens curieux connus sous le nom de
Microscopes & de Télescopes. Les premiers

---

(1) Je prends ici l'Optique dans un sens plus
étendu qu'on n'a coutume de le faire c'est-à-
dire, pour une Science qui a pour objet la lumiere directe, réfléchie & refringée.

nous font appercevoir diſtinctement des objets fort petits, que la vue ordinaire ne ſauroit diſtinguer. Les ſeconds nous font voir clairement des objets très-éloignés & prolongent notre vue , pour ainſi dire, juſqu'au fond du Ciel. C'eſt à cette Science que nous devons la connoiſſance des couleurs conſidérées, ſoit dans les corps qui nous paroiſſent colorés, ſoit dans la lumiere qui affecte nos yeux , & par l'entre-miſe de laquelle nous appercevons ces corps.

La Cauſtique, autre partie de la Phyſique , traite de la nature & des propriétés du ſon. Elle nous fait connoître en quoi les ſons aigus different des ſons graves, en quoi conſiſtent les ſons harmonieux & les ſons diſcordans, quels ſont les différens ſons qu'on peut allier enſemble , & ceux dont l'alliage produiroit un mauvais effet , enfin quelles ſont les qualités d'une bonne Muſique.

Mais je ſerois trop long, ſi je voulois parcourir en détail les différens objets que la Phyſique conſidere. Tantôt le Phyſicien s'occupant des propriétés de l'aimant, recherche pourquoi les aiguilles aimantées affectent de se tourner vers le nord, comment cette propriété met les Navigateurs en état de faire le tour du globe, & d'aller chercher chez les Chinois & dans les Indes des raretés que notre continent nous refuse. Tantôt il recherche la nature de ce fluide électrique qui circule dans tous les corps, & qui, si on ne nous en impose pas, peut souvent guérir de la Paralysie. Tantôt il recherche la cause des vents, des orages, de la gréle, de la pluie, de la neige, de ces feux qu'on voit souvent dans les airs, des éclairs, du tonnerre & de la foudre. D'autres fois la présence d'une eau claire, fraîche & désaltérante l'invite à chercher l'origine des fontaines; bientôt après, considérant que toutes les eaux n'ont pas le même goût, il recherche la cause de la salure de l'eau de la mer & les moyens de la rendre douce. Le flux & le reflux de l'Océan est encore un phénomene très-digne de son attention & dont il tâche de découvrir la cause. Abandonnant enfuite la terre, & fixant fes yeux vers le ciel, il examine l'ordre admirable des aftres, leurs mouvemens fi différens, le brillant des étoiles, la profufion avec laquelle la voûte du Ciel en eft parfemée, l'éclat du foleil, fes éclipfes, celles de la lune, fes phafes, l'apparition & les phénomenes furprenans des cometes. Il recherche par quelles loix les planetes & les cometes pouffées fans ceffe par une force qui tend à les éloigner du foleil pour aller fe perdre dans ces efpaces immenfes, dans lefquels les aftres font leur révolution, font cependant fans ceffe ramenées vers le même foleil dont elles ne peuvent s'écarter au-delà de certaines limites. Il recherche la figure des planetes, la nature des planetes, des cometes & des étoiles, malgré la diftance immenfe qui les fépare de nous. Il fait plus, il pefe les aftres, il connoît leur groffeur, leur denfité & les poids différens des corps fitués à leur furface (1). Tous ces objets

____

(1) Dans la feconde édition de nos Inftitutions

& bien d'autres dont nous ne pouvons parler ici, le rempliſſent d'étonnement &

Mathématiques, nous avons traité, dans l'eſpace de 27 pages, de la théorie des forces centrales, de la nature des orbites que parcourent les planetes & les cometes. Nous avons fait voir que ces orbites ſont des ellipſes excluſivement à toute autre courbe. Nous avons appris à connoître la diſtance moyenne des planetes au ſoleil. Nous avons donné une table très-intéreſſante & calculée ſur les dernieres obſervations du paſſage de Vénus ſur le diſque ſolaire, dans laquelle on trouve les diametres, les groſſeurs, les denſités des planetes, leur diſtance moyenne à la terre, & la vîteſſe des graves ſitués à leur ſurface. Cette partie ſera très-utile aux Profeſſeurs de Philoſophie, qui veulent donner à leurs éleves une certaine connoiſ-ſance de la Phyſique céleſte, & traiter cette par-tie conformément aux principes de l'attraction Newtonienne. On peut regarder ce que nous avons dit ſur cette matiere, comme très-utile pour bien entendre la Phyſique de Sgraveſende, de Deſa-guilliers, de Toul, & de M. l'Abbé Seguy. Ces deux dernieres Phyſiques Latines, qui ont ſans doute leur mérite, me paroiſſent avoir beſoin de cette eſpece de ſupplément ; & ceux qui auront bien compris nos Inſtitutions, pourront tirer une grande utilité de leur lecture.

a vj

d'admiration, & ne fervent pas peu à lui donner la plus grande idée de l'auteur de tant de merveilles. Oui, je le foutiens, un grand Phyficien ne fauroit être Athée. Comment pourroit-il attribuer au hafard la production de tant de corps céleftes, la régularité de leurs mouvemens, les loix qui les retiennent dans leurs orbites, &c. ? Auffi, en lifant les Ouvrages des plus fameux Athées, & notamment le Syftême de la nature, les gens inftruits s'apperçoivent bien aifément que leurs Auteurs n'ont jamais été tout au plus que demi-favans, de fort minces Métaphyficiens ; de mauvais Mathématiciens & d'ignorans Phyficiens. Malheureufement ceux qui ont entrepris de réfuter leurs fyftêmes abfurdes, n'ayant fouvent que des connoif-fances philofophiques fort fuperficielles, n'ont battu qu'à demi leurs adverfaires, tandis qu'une victoire complette n'auroit prefque rien coûté à des gens plus habiles, à des gens qui auroient réuni les Mathématiques, la Phyfique & la Métaphyfique. Mais ces fortes d'hommes, qui ne font certainement pas communs, font fouvent trop négligés.

Les Mathématiques, que nous regardons comme une partie de la Philofophie, ne font autre chofe que la Science de la grandeur confidérée comme grandeur. Elle a pour objet la connoiffance des quantités numériques, algébriques, géométriques, & les rapports finis ou infinis que ces quantités peuvent avoir entr'elles.

C'eft par le fecours de cette belle Science que les Aftronomes font parvenus à prédire les éclipfes du foleil & de la lune, à foumettre à leurs calculs les mouvemens des planetes, à déterminer la nature des orbites planétaires, &c. C'eft par fon fecours que la Méchanique & la Phyfique ont fait des progrès fi rapides dans l'efpace d'environ un fiecle, & ont été portées au point où nous les voyons aujourd'hui.

Les Mathématiques forment une Science fi vafte, fi étendue, que ce que les plus fublimes Géometres en favent, comparé à ce qu'il leur refte à favoir, eft bien moins qu'une goutte d'eau relativement à l'Océan. L'esprit de l'homme est trop borné pour en sonder les profondeurs ; mais on peut y faire plus ou moins de progrès selon les différentes dispositions que l'on a, selon le plus ou moins de temps qu'on donne à cette étude. Le choix des Maîtres & des Livres n'est pas non plus indifférent. Un Maître ignorant (& le nombre en est assez grand) ne sauroit distinguer un bon Livre d'un mauvais. Il a appris le mauvais, cela suffit pour qu'il décrie le bon, que souvent il n'a pas lu, ou qu'il n'a pas compris. Méfiez vous de ces Maîtres, qui, pour garder plus long-temps leurs écoliers, leur proposent un grand nombre de volumes à apprendre ; méfiez-vous de ces ignorans qui décrient l'Algebre, qui disent qu'elle est trop difficile pour les commençans, qui vantent ces Auteurs qui emploient plusieurs volumes pour vous apprendre ce qu'on peut aisément mettre en un seul. On diroit que certains Auteurs font des Livres, comme les Fabriquans font des étoffes pour les vendre ; si vous vous proposez de faire un commerce de Livres, achetez donc un privilege, faites-vous incorporer dans le Corps des Libraires, & devenez Marchand. Avez-vous jamais réfléchi fur les forces des jeunes gens à qui vous deftinez tant de volumes ? Croyez-vous qu'ils puiffent les apprendre fans s'incommoder (1). Mais vous n'êtes pas Médecin, & vous n'avez pas pouffé vos connoiffances jufques-là. Mais au moins vous devriez favoir qu'il y a plus de la moitié de votre Ouvrage qui leur eft inutile, & que cette moitié les dégoûtera d'apprendre l'autre, ou qu'auffi-tôt qu'ils pourront le faire fans inconvénient, ils fe hâteront, pour ainfi dire, d'oublier un Ouvrage fi rebutant & fi peu utile.

Nous avons traité des Mathématiques dans nos Inftitutions, dont la feconde

---

(2) On verra dans notre Métaphyfique, qu'il faut ménager les enfans, n'en pas exiger trop d'application, fi l'on ne veut s'expofer à ruiner leur tempérament. Un travail d'efprit trop pénible eft le tombeau de leurs talens & de leur fanté.

édition vient de paroître. Cet Ouvrage en 404 pages *in-8°.*, contient non seulement les élémens d'Arithmétique, d'Algébre, de Géométrie, la méthode de tracer & de lever lés plans & les cartes des terreins, la mesure, la division des champs, & le nivellement (1); mais encore les sections coniques, & les usages de ces courbes pour le jet des bombes, l'excavation des mines, la construction des porte-voix, des miroirs & verres brûlans, des lunettes propres à ceux qui ont la vue trop longue ou trop courte; la théorie des forces centrales, avec l'explication du mouvement des planetes & des cometes autour du soleil, c'est-à-dire la Physique céleste (cette science est renfermée dans environ

---

(1) On y trouve de cette maniere un Traité complet d'arpentage qui sera très utile, non seulement aux Arpenteurs de profession, mais aux particuliers qui pourront par ce moyen vérifier les mesures des terreins qu'ils achetent, & s'empêcher d'être la dupe de l'ignorance ou de la mauvaise foi des Arpenteurs.

27 pages.) On y apprend à trouver les grosseurs, les densités, les poids des planetes & celui des corps situés à leur surface, la distance moyenne des planetes au soleil, &c. On a donné encore un traité précis, mais fort clair, sur les courbes algébriques & transcendentes, le calcul différentiel & intégral avec les usages de ces mêmes calculs dans la géométrie ; on en a fait aussi l'application à plusieurs beaux problêmes de Physique & de méchanique. Ceux qui veulent s'en tenir aux premiers élémens de calcul & de géométrie, comme font souvent les jeunes Seigneurs qui n'apprennent les Mathématiques que pour entendre les fortifications, n'auront pas 212 pages à parcourir : ce qu'ils peuvent faire dans l'espace de quelques mois & sans avoir besoin d'aucun maître, car notre Ouvrage est le plus clair qui ait encore paru sur cette matiere.

J'ai lieu de penser qu'il n'y a aucun livre élémentaire qui, au jugement des connoisseurs, réunisse autant d'avantages, qui contienne, avec tant de clarté, tant de choses dans un si petit volume, & dont les jeunes Philosophes & leurs Professeurs puissent se servir avec autant de succès. Aussi, je dois rendre justice à Messieurs les Professeurs de Philosophie : ceux qui sont connoisseurs en font le plus grand cas, & se sont hâté de mettre entre les mains de leurs éleves, un livre qui peut leur être si utile (1). Mais doit-on espérer que ceux qui ont vieilli dans une ancienne habitude, voudront prendre la peine de lire & d'enseigner un nouveau livre? La vieillesse tient beaucoup aux préjugés : à cet âge on change difficilement de routine (2). Mais vous, jeunes Professeurs qu'une

---

(1) J'ai reçu différentes lettres de plusieurs jeunes gens de Province, qui me marquent qu'ils ont lu & compris notre Livre, sans le secours d'aucun Maître.

(2) *Vel quia nil rectum, nisi quod placuit sibi, ducunt,*
Vel quia turpe putant parere minoribus : &, quæ
Imberbes didicere, senes perdenda fateri.

Horat. Epist. lib. 2, Epist. 1, ad Cæsarem-Augustum.

Si j'insiste sur cette matiere, on ne doit l'attribuer qu'au desir ardent que j'ai de voir la saine Physique plus répandue qu'elle n'est.

noble émulation anime, qui confacrez vos veilles à l'inftruction de ces jeunes citoyens, l'efpérance de la République ; qui n'épargnez rien pour former des hommes ; vous, qui favez combien il eft utile d'enfeigner de bons élémens de Mathématiques, ayez plus de courage, ofez & vous réuffirez, notre livre ne vous coûtera qu'une fimple lecture (1). Mais fi (ce que je ne penfe pas) vous y trouviez par hafard quelqu'embarras, adreffez-vous à moi avec confiance, vous trouverez un ami qui fe fera un vrai plaifir d'éclaircir vos doutes & de lever vos difficultés.

De toutes les parties de la Philofophie,

---

(1) Comme j'ai exigé de mon Libraire, M. Valade, qu'il envoyât gratuitement un exemplaire de mes Inftitutions aux Profeffeurs de Philofophie, qui font voir ce Livre dans leur Claffe, je prie ceux-ci de vouloir bien me faire l'honneur de m'écrire lorfqu'on demandera l'envoi pour leur College, afin qu'il n'y ait point d'équivoque. On pourra m'adreffer les lettres chez M. Valade, qui aura foin de me les faire remettre.

la Logique est peut-être la plus stérile & la moins curieuse. J'ai tâché d'en rédiger les préceptes dans un petit volume, de la maniere la plus simple & la plus claire. Je me suis proposé d'instruire, & non de me faire admirer. J'ai voulu me mettre à la portée des jeunes gens de l'un & de l'autre sexe. J'ai voulu me faire entendre aux femmes du grand monde, à des jeunes militaires dont l'éducation a été très-souvent négligée ; à tant de Seigneurs qu'on a retirés du College avant d'avoir fait la Philosophie ; à tant de jeunes gentilshommes qu'on éleve chez eux, ou dans des pensions, & à qui on ne fait jamais apprendre la Philosophie. J'ai voulu mettre les gouverneurs, les précepteurs, les maîtres de pension en état d'enseigner la Philosophie à leurs éleves. J'ai voulu mettre beaucoup de jeunes gens, qui ne peuvent pas suivre les leçons latines de leur Professeur, en état d'apprendre la Philosophie dans un livre françois qu'ils puissent facilement entendre (1).

---

(1) Je prie Messieurs les Professeurs de Philoso-

Mais est-il utile, me dira peut-être quelque misanthrope, de mettre la Philosophie à la portée des femmes? Je demanderai à mon tour s'il est utile que les femmes soient raisonnables, qu'elles aient des connoissances? N'est-il pas plus agréable pour un mari de posséder une femme instruite avec laquelle il puisse s'entretenir de ses affaires & d'autres choses raisonnables, que d'avoir une femme qui ne sache parler que de robes, de coëffes & de chiffons? Ne recherche-t-on pas de préférence la compagnie des femmes d'esprit & des

phie, en qualité de leur ancien Confrere, de faire connoître ce Livre à leurs Ecoliers, de les inviter à se le procurer: j'ose les assurer qu'il ne leur sera pas inutile. Si par hasard mes sentimens ne s'accordent pas toujours avec les leurs, cela ne doit point les surprendre. Il y a des points sur lesquels les plus grands Philosophes n'ont pu s'accorder. Il y a des questions problématiques dans lesquelles il y a d'excellentes raisons en faveur des différentes opinions. Ce seroit une petitesse d'esprit ridicule que d'exiger que tout le monde fût de notre avis sur toutes sortes de questions.

femmes inſtruites ? Mais quel plaiſir un
homme peut-il trouver dans la converſa-
tion de la plus belle Dame, s'il ne peut
s'entretenir avec elle que de bagatelles, de
niaiſeries, de puérilités ? Une mere inſ-
truite veilleroit ſur l'éducation de ſes enfans, elle pourroit même élever ſes filles;
& ſi elle venoit à être privée de ſon mari,
le gouvernement de ſa maiſon ne l'em-
barraſſeroit pas, elle verroit clair dans ſes
affaires. Mais que ſert-il d'inſiſter ſur une
vérité dont je crois qu'aucun homme de
bon ſens ne peut douter. Cependant, par
une eſpece de contradiction qui ne ſe trouve
que trop ſouvent entre la façon de penſer
des hommes & leur conduite, l'on ne
voit aucun établiſſement deſtiné à l'inſtruc-
tion du ſexe; car je ne compte pour rien
nos couvens, où celles qui inſtruiſent n'en
ſavent ſouvent gueres plus que leurs éco-
lieres. Pourquoi n'a-t-on pas fondé des
Colleges, où l'on apprendroit aux jeunes
Demoiſelles, la Géographie, l'Hiſtoire, les
Mathématiques, la Philoſophie, &c. ?
Pourquoi n'eſt-il pas venu dans l'idée de

tant de gens, qui laiſſent ſouvent des richeſſes immenſes à des parens très-éloignés, à des héritiers indignes, de former de pareils établiſſemens ? On diroit qu'on craint que les femmes, en devenant ſavantes, ne deviennent les maî-treſſes de leurs maris ; mais, quand cela arriveroit à l'égard d'un grand nombre, ſeroit-ce un grand malheur ?

Tandis que vous éleverez vos filles comme vous les élevez, que vous ne leur parlerez, depuis la plus tendre enfance, que de robes, de coëffes, de chiffons, de toilettes, que vous louerez leur beauté, ſans faire aucun cas de leur eſprit & de leurs talens, pou-vez-vous eſpérer d'avoir autre choſe que des poupées bien parées ? Donnez à vos filles une éducation plus mâle ; fortifiez leurs fibres molles & délicates par beau-coup d'exercice (1) ; élevez leur ame par

---

(1) Celui de cheval ſeroit des plus utiles : il ſeroit à ſouhaiter qu'il y eût au moins dans les grandes Villes une Académie deſtinée uniquement à les inſtruire dans l'art de l'équitation. La ſanté

le récit des actions héroïques des hommes & des femmes célebres, & bientôt vous aurez des femmes qui réuniront les graces de leur sexe aux talens & aux vertus des hommes les plus estimés. Comment se sont formées ces armées de héros féminins, connus sous le nom d'amazones, & qui ont fait trembler les Grecs eux-mêmes, les plus fameux militaires de ce temps-là ? Les femmes sont-elles moins propres que les hommes à gouverner les Empires ? Si vous en doutez, jetez les yeux sur *Sémiramis* ; ou, sans aller chercher des exemples si antiques, contemplez un moment le regne florissant de l'héritiere des Césars, l'immortelle Marie-Thérese, que l'Europe comptera toujours au rang des plus grands hommes ; voyez avec quelle sagesse elle conduit ses Peuples ; quel courage héroïque n'a-t-elle pas fait paroître

---

aussi-bien que la beauté y gagneroient beaucoup : c'est une erreur funeste que de penser qu'on peut les séparer.

dans

dans les différentes circonstances de sa vie !
Intrépide dans les plus grands périls, modé-
rée dans la prospérité, elle a fait voir qu'elle
est également au-dessus de la mauvaise & de
la bonne fortune ; que si l'adversité ne peut
l'abattre, la prospérité ne sauroit l'élever.
Ne sont-ce pas là les vertus qui distinguent
les vrais Héros des ames vulgaires ? Mais la
protection que cette grandePrincesse accorde
aux Sciences & aux Arts, & à ceux qui les
cultivent, ne contribuera pas peu à rendre
son nom célebre dans l'Histoire & cher aux
Gens de Lettres de tous les siecles.

Je pourrois rappeller ici les regnes de tant
de Reines illustres, de la Reine Anne, de
l'illustre Catherine Alexiewna qui soutient
avec tant de succès une guerre difficile, contre un des plus puissans Princes de la terre.
Que dirions - nous de la grande Reine Isis
qui fit le bonheur de ses Peuples, & gou-
verna les Egyptiens avec tans de gloire &
de sagesse, qu'ils l'honorerent, après sa mort,
comme une Divinité ?

Les sciences les plus abstraites n'ont
rien de trop sublime pour le sexe. Les

b

femmes peuvent exceller non seulement dans les Belles-Lettres, comme Sapho, la femme de Pline le jeune, Madame Dacier, Madame Deshoulieres, &c. mais encore dans les Sciences les plus profondes, telles que les Mathématiques; & l'exemple de Madame du Châtelet, de Madame le Paute, de Mademoiselle Agnefi, ne laisse aucun doute là-dessus (1). Mais il est inutile de s'étendre davantage fur une vérité si palpable, & qui ne peut être révoquée en doute que par quelqu'esprit bizarre, ennemi du beau sexe.

Il me reste à rendre compte du plan de mon Ouvrage. J'ai dit que les connoissances naturelles, qui sont l'objet de la

---

(1) Si j'osois citer ici les expériences que j'en ai faites, je dirois qu'ayant essayé d'enseigner les Mathématiques à plusieurs jeunes Demoiselles, je leur ai trouvé des dispositions qu'on trouve bien rarement dans les garçons; & je suis persuadé qu'il y en a un très-grand nombre qui apprendroient la Philosophie avec la plus grande facilité, si on leur mettoit entre les mains des livres écrits avec une certaine méthode.

Philosophie, pouvoient se réduire à la Logique, la Métaphysique, la Morale, la Physique & les Mathématiques. De ces cinq parties, j'ai déjà traité la derniere avec beaucoup de succès dans mes Institutions Mathématiques (Ouvrage dédié à Madame la Dauphine), & dont la seconde édition vient de paroître (1). Il seroit à souhaiter que tous ceux qui veulent apprendre la Philosophie, commençassent par là ; ou que du moins qu'ils eussent quelques connoissances des premiers principes de l'Arithmétique & de la Géométrie. Cependant j'ai lieu de croire que notre Logique sera facilement entendue par ceux même qui ne connoissent point l'Arithmétique : j'en excepte le chapitre qui traite des probabilités qu'ils pourront omettre.

Je donne d'abord quelques notions préliminaires que j'ai renfermées dans quatre chapitres. Dans le premier, je parle de la

______

(1) On voit donc que nos Institutions font partie du Cours complet de Mathématiques dont la Logique n'est qu'une partie.

nature de la Philofophie & de fon exiftence. Dans le fecond chapitre , je traite
des premiers principes des connoiffances
philofophiques ; je traite, dans le troifieme,
de la définition de l'être, de la fubftance
du mode, de l'effence, de la caufe de la
puiffance, de la diftinction, de l'individu,
du genre, de la différence & de l'efpece.
Dans le quatrieme chapitre, enfin, je parle
de la nature de la Logique que je divife
en quatre parties. La premiere traite des
perceptions & des idées ; la feconde, du
jugement ; la troifieme, du raifonnement;
& la quatrieme, de la méthode.

Je fais voir, dans le premier chapitre de
la premiere partie , que toutes les idées font
fimples. Dans le fecond chapitre , je recherche l'origine de ces mêmes idées, & je
prouve contre les Carthéfiens qu'elles ne
font pas innées, mais qu'elles tirent leur
origine, les unes de l'impreffion faite dans
les fens, & les autres de la réflexion. Je
prouve, dans le troifieme chapitre, que toutes les idées font vraies, & qu'il ne fauroit y en avoir de fauffes. Souvent on

confond le jugement avec l'idée : quand on dit dans le monde, cet homme a la tête pleine d'idées fauſſes, cela ne ſignifie autre choſe, ſinon qu'un tel homme a l'eſprit faux, & qu'il porte fréquemment de faux jugemens. La diſtinction & la clarté des idées font la matiere du quatrieme chapitre. Je traite, dans le cinquieme, des fameuſes cathégories d'Ariſtote, des univerſaux & des grades ou degrés métaphyſiques ; ces queſtions ſont très-célebres dans l'Ecole. J'ai tâché de les preſenter ſous un point de vue facile à ſaiſir pour les eſprits les plus médiocres ; je n'ai pas cru devoir les paſſer ſous ſilence, tant à cauſe de leur célébrité, qu'à cauſe de l'utilité dont elles peuvent être pour l'intelligence de la métaphyſique. Dans le ſixieme chapitre, qui termine la premiere partie, je parle des ſignes & de la voix.

La ſeconde partie, comme la ſuivante, eſt-auſſi diviſée en chapitres. Dans le premier, je traite de la nature du jugement, & je fais voir que c'eſt un acte ſimple de l'eſprit. Je prouve dans le ſecond, contre l'opinion des Scholaftiques, que cet acte n'appartient ni à l'intellect comme le veulent plufieurs, ni à la volonté comme le prétendent les autres. Je traite, dans le troifieme chapitre, des motifs de nos jugemens; j'explique ce qu'on doit entendre par un jugement certain; je parle des différentes efpeces de certitude, du jugement incertain & du jugement probable. Dans le chapitre fuivant, je parle de la maniere d'eftimer la probabilité des jugemens; cette matiere eft très-curieufe. Je donne deux Tables très-intéreffantes: l'une defquelles contient les probabilités de la durée de la vie humaine, & l'autre la durée moyenne des mariages.

Je parle, dans le chapitre cinquieme, de la certitude de l'exiftence des corps. Il eft bien furprenant qu'il y ait eu des hommes capables de nier non feulement l'exiftence des corps qui nous environnent de tous côtés, mais encore l'exiftence de leur propre corps. Mais y a-t-il une abfurdité que quelque Philofophe n'ait foutenue, ou ne puiffe foutenir?

Dans le chapitre fuivant, je parle du jugement qu'on doit porter fur le témoignage des hommes, & je donne les regles qu'on doit fuivre quand il s'agit d'un fait qu'on nous propofe de croire (1).

---

(1) Quelque Curieux me demandera peut-être ce qu'il doit croire du fait de l'Hydrofcope Provençal , fi les témoins qui ont attefté un phénomene auffi fingulier doivent en être crus fur leur parole , ou bien s'il vaut mieux s'en rapporter à tant d'habiles gens qui nient l'exiftence du fait , fans cependant avoir fait aucune expérience pour s'affurer de la vérité ? Voilà une queftion que je ne me propofe pas de difcuter complétement ; mais , comme des Savans , dont je refpecte infiniment les talens , ont écrit contre l'exiftence de ce phénomene , qu'ils l'ont regardé comme impoffible , & que bien des gens , fur la foi des nouvelles publiques & des témoignages qu'on ne regarderoit pas comme fufpects, s'il s'agiffoit de toute autre matiere , ont cru & croient encore de bonne foi aux merveilles qu'on a débitées fur le talent merveilleux du jeune Provençal ; on me permettra d'expofer ici en peu de mots quelques-unes des raifons qui peuvent entretenir les deux partis dans leur façon de penfer. Je préviens d'avance que ce que je dirai ne doit paroître fuft

Le chapitre fuivant renferme tout ce qu'il eft néceffaire de favoir fur la nature

---

pect à perfonne. Il eft vrai que dans un petit Ouvrage intitulé, *l'Hydrofcope* & le *Ventriloque*, (on le trouve chez le même Libraire que celui-ci) j'ai tâché d'expliquer un phénomene fi furprenant, & de faire voir qu'il n'étoit nullement contraire aux loix de la Phyfique ; mais on fent bien que je ne fuis pas garant du fait, & que j'ai voulu l'expliquer en fuppofant qu'il exiftât ; & il faudroit être de bien mauvaife humeur pour ne pas me paffer cette fuppofition. Tous les jours les Phyficiens fe trouvent dans pareil cas : ils tâchent, fans qu'on leur en faffe un crime, d'accorder des faits qu'ils n'ont pas pu vérifier par eux - mêmes avec les loix connues de la Phyfique ; c'eft ainfi qu'en a ufé le célebre le Cat, à l'égard de plufieurs phénomenes auffi furprenans & moins atteftés. (Voyez fes Œuvres Phyfiologiques, tom. I, page 293). C'eft ainfi qu'en a ufé M. l'Abbé Nollet, à l'égard de la Tarentule, dont l'hiftoire n'eft pas fort certaine.

Si donc le phénomene en queftion n'exiftoit pas, il fuit de mon explication que fi la difpofition des yeux de Parangue étoit telle que je l'ai fuppofée, il verroit les eaux à travers la terre ; mais ce n'eft pas de quoi il eft maintenant queftion : il s'agit d'expofer les raifons de ceux qui croient & de

& les qualités des propositions. On y fait voir que de deux propositions contra-

ceux qui refufent de croire à l'Hydrofcope. Afin qu'on ne me foupçonne pas de favorifer l'un des partis, je rapporterai une converfation (feinte, fi l'on veut) entre deux Philofophes qui ont des fentimens très-oppofés fur cette queftion.

ARISTE. Bon jour, Eudoxe ; vous avez, fans doute, entendu parler de l'Hydrofcope Provençal ? qu'en penfez - vous ? croyez - vous qu'un homme puiffe voir l'eau à travers la terre ?

EUDOXE. Et vous, Arifte, croyez-vous que M. de Menuret, M. l'Abbé de la Roquette, le Chevalier de Salis, & tant d'autres témoins éclairés, dignes de foi, & dont on ne récuferoit pas le témoignage dans aucun Tribunal du monde, font des fots qui s'en font laiffé impofer par un Payfan qui ne connoît pas même, pour ainfi dire, le prix de l'argent, ou que ce font des frippons qui, fans aucun intérêt, ou peut-être fans fe connoître, fe font entendus pour tromper l'Europe entiere fur un fait facile à vérifier. Mais quand vous parviendriez à rendre fufpect le témoignage d'un ou deux témoins, cela ne fuffiroit pas, il en refteroit encore plus qu'il n'en faut pour rendre un fait croyable. D'ailleurs, dites-moi, je vous prie, combien exigez-vous de témoins pour croire un fait ? En Juftice on n'en demande que deux, &

dictoires du futur contingent & libre;
l'une est déterminément vraie, & l'autre

---

nous en avons ici des centaines. Ce n'est pas d'ailleurs d'aujourd'hui qu'on a entendu parler de pareils phénomenes, puisque Bayle, dans sa République des Lettres en a cité un semblable. N'y a-t-il pas des monumens authentiques qu'il a existé à Lisbonne une femme qui voyoit à travers la terre? Rejetterez-vous tous ces faits parce que vous ne les avez pas vus & qu'ils ne sont pas communs, ou bien parce que vous ne pouvez les accorder avec les loix connues de la Physique? Mais ce que vous ne pouvez faire, des gens plus habiles peuvent peut-être le faire. D'ailleurs, doit-on rejeter un fait parce qu'on ne peut l'expliquer? On devroit donc nier les phénomenes de l'aimant, parce qu'il est notoire qu'on n'a pu jusqu'ici les expliquer d'une maniere satisfaisante. Vous ne rejettez pas les phénomenes des Ventriloques, parce qu'il y en a un à Saint-Germain, à quatre lieues de Paris; j'ai lieu de croire aussi que vous ne nieriez pas les phénomenes de l'Hydroscope, si Parangue étoit à Saint-Germain: mais comme il habite à cent cinquante lieues de la Capitale, il est plus facile de refuser de croire ce qu'on en rapporte que de l'aller vérifier.

ARISTE. Vous avez entendu parler de la

déterminément fauſſe; & que toute propoſition logique eſt vraie ou fauſſe, &c.

---

fameuſe dent d'or; c'eſt ici la même choſe. Il
y avoit bien des gens qui atteſtoient le fait, qui
n'en étoit pas pour cela moins faux. Vous ſavez
auſſi tout ce qu'on a débité ſur les Wampires, croyez-
vous pour cela aux Wampires ? Quand tous les Académiciens de l'Europe, quând mille témoins m'at-
teſteroient un fait abſurde & impoſſible, je ne les
en croirois pas : or, ſelon moi, il eſt impoſſible
de voir à travers la terre, parce qu'il n'y a pas
de lumiere dans la terre. D'ailleurs, ſi le fait étoit
vrai, n'auroit-on pas fait venir le jeune Parangue
à Paris pour découvrir des ſources autour de la
Capitale ? Je pourrois ajouter à ces raiſonnemens :
1°. que Parangue ne voulut jamais paroître devant
un Savant qui ſe trouva par haſard du côté de
Toulon pendant le temps que l'on débitoit à Paris
tant de merveilles ſur ſon compte ; 2°. qu'il s'eſt
quelquefois trompé, comme ſes Partiſans les plus
zélés en conviennent ; 3°. que ſi le phénomene
exiſtoit, tant d'habiles gens ne le révoqueroient
pas en doute ; 4°. qu'il y a de l'eau par-tout,
qu'ainſi il ne riſque rien lorſqu'il vous dit de faire
creuſer en tel endroit : il en ſera toujours quitte
en diſant qu'on n'a pas creuſé aſſez profondément. 5°. S'il voit à travers la terre, pourquoi ne

Dans le chapitre premier de la troisieme partie de la Logique, je traite de

---

verroit-il pas à travers le bois ? 6°. Enfin, si Parangue possede un talent si rare, pourquoi en retire-
t-il si peu de profit ? comment n'a-t-il pas déjà
fait une brillante fortune ?

E U D O X E. Il me semble que vous aimez mieux
attaquer que répondre ; cela n'est pas si mal-adroit
de votre part : vous jouez le rôle le plus facile.
Mais voyons s'il me sera impossible de résoudre
vos difficultés. Je conviens, en premier lieu, qu'il
y a eu des gens dupes de la dent d'or. C'étoit
une dent qu'on avoit enveloppée adroitement d'une
feuille d'or, & ceux qui l'avoient d'abord exa-
minée n'avoient pas eu la précaution d'employer
la lime pour découvrir l'imposture. Je conviens
aussi que bien des gens ont cru aux Wampires.
Vous savez qu'il y a eu autrefois une maladie
singuliere en Hongrie, ceux qui en étoient atta-
qués tomboient dans une espece de délire ; ils
croyoient que des esprits leur suçoient le sang ;
ce sont ces Esprits qu'on a appellés Wampires. Mais,
parce qu'il y a eu des imposteurs, parce qu'il y
a eu des visionnaires, faudra-t-il ne rien croire
de ce qu'on nous attestera ? parce qu'il y a eu
de faux-témoins, faudra-t-il que les Juges rejettent
les témoignages des honnêtes gens ? parce qu'on

la nature du raifonnement & du fyllogifme,
& je donne une regle générale pour dif-

---

a été trompé dans un fait , eft-ce à dire qu'on
le foit dans tous les autres?

En fecond lieu , vous refuferiez , dites-vous, de
croire un fait abfurde & impoffible quand il feroit
attefté par toutes les Académies de l'Europe &
par mille témoins. Mais qu'entendez-vous, je vous
prie , par un fait impoffible ? Il me paroît que
vous n'entendez autre chofe qu'un fait qui ne s'ac-
corderoit pas , felon vos lumieres, avec les loix
ordinaires de la Phyfique. Mais, dans ce cas , fi,
en devenant plus habile que vous n'êtes, vous
pouviez expliquer phyfiquement , l'année prochaine,
un phénomene qui eft maintenant au-deffus de
vos forces; ce phénomene qui , felon vos principes, devroit être regardé actuellement comme
abfurde & impoffible, feroit cependant très-croya-
ble l'année prochaine & cefferoit d'être impoffible.
Vous fentez aifément qu'un principe qui conduit
à une conféquence ridicule , ne peut être qu'un
principe abfurde. De plus, vous prétendez qu'on
ne peut voir à travers la terre , parce que, dites-
vous, il n'y a pas de lumiere dans la terre. Mais
c'eft ce qu'il faudroit prouver, & non pas fuppo-
fer. Vous pourrez plaifanter tant qu'il vous plaira,
vous pourrez déclamer tout à votre aife contre

tinguer un bon fyllogifme d'un mauvais.

Dans le chapitre fecond , je développe

---

ceux qui ne font pas de votre avis ; mais un Philofophe demande des preuves. Laiffez donc les
plaifanteries & les déclamations à l'Auteur des Nouvelles à la main : c'eft un moyen qu'il a d'amufer
fes Lecteurs en les entretenant fur des matieres
qu'il n'entend pas. Quand vous m'aurez prouvé
qu'il n'y a pas de lumiere dans la terre, je con-
viendrai avec vous que Parangue ne voit pas les
fources fouterreines, mais cela n'arrivera pas de
fi-tôt ; en attendant, je penfe, avec de très-grands
Phyficiens, qu'il n'y a peut-être aucun corps dans
lequel il n'y ait plus ou moins de lumiere. Mais
cette difcuffion nous meneroit trop loin.

Quant à ce que vous nous rapportez que Parangue ne voulut jamais paroître devant un Savant
qui fe trouvoit dans fon pays, c'eft là une preuve
de fa timidité. Il croyoit peut-être qu'on vouloit
lui faire quelque tort. Ne voyons-nous pas tous
les jours les enfans des Payfans, timides & crain-
tifs, fe cacher & n'ofer paroître devant les habitans des villes lorfqu'ils ne les ont jamais vus. Mais
dites-moi, je vous prie, fon témoignage auroit-il
eu plus d'empire fur vous que celui de tant d'autres Savans qui atteftent le fait comme témoins
oculaires ? J'entends : s'il avoit été de votre avis

plusieurs autres regles générales des syllogismes, afin de mettre les lecteurs plus en

---

vous l'en auriez cru sur sa parole, & vous auriez
cité son nom avec éloge; mais, s'il avoit été d'un
avis contraire, ne l'auriez-vous pas traité de vision-
naire? J'avouerai même qu'en creusant la terre on
n'a pas toujours trouvé l'eau à la profondeur indi-
quée; mais l'Auteur de l'Hydroscope & du Ventriloque a expliqué comment cela a pu arriver natu-
rellement sans qu'il y eût aucune imposture de sa
part. Pour ce qui regarde les habiles gens qui
révoquent ce phénomene en doute, je m'étonne
qu'un Philosophe qui sait que dans des matieres
purement philosophiques, on doit uniquement faire
attention aux raisons & non à l'autorité, emploie
un pareil raisonnement. N'y a-t-il pas d'habiles
gens, ou du moins qu'on regarde comme tels,
qui ne croient ni l'existence de Dieu, ni la spiritualité de l'ame, ni tant d'autres vérités non
moins évidentes : faudra-t-il aussi que nous soyons
de leur avis? Mais, d'ailleurs, croyez-vous que
je ne pourrois pas vous citer des gens d'esprit
& de bon sens qui pensent comme moi sur cette
matiere?

Vous nous dites ensuite qu'il y a de l'eau par-
tout, & que Parangue ne risque rien de faire creu-
ser là où il lui plaît; qu'il en sera toujours quitte

état de connoîtré en quoi confiste la bonté d'un raifonnement. Le chapitre troifieme

---

en difant qu'on n'a pas creufé affez profondément. Mais vous, Monfieur, qui êtes un Philofophe, un Phyficien, vous vanteriez-vous de faire ce qu'il a fait ; oferiez-vous l'entreprendre ? pourriez-vous, dans un pays qui vous feroit inconnu, fuivre une fource fouterreine pendant plus d'une lieue à travers des champs, des prés, &c. où vous n'auriez jamais paffé auparavant ? Vous êtes, je crois, trop prudent pour tenter une pareille aventure. Comment voulez-vous donc nous perfuader qu'un Payfan fans éducation en impofe à tant d'habiles gens, à des Phyficiens, à des Médecins, & qu'il leur fait croire qu'il voit ce qu'il ne voit pas. Voilà, je penfe, ce qu'on peut appeller un fait impoffible.

Vous m'objectez enfuite que fi Parangue voyoit à travers la terre, il devroit voir à travers le bois. Je ne vous répondrai pas à cette objection, que vous trouverez réfolue dans l'Auteur de la Differtation intitulée, l'*Hydrofcope & le Ventriloque*.

Votre derniere objection n'eft pas plus folide. On vous a déjà fait remarquer que Parangue étoit une efpece d'imbécille qui ne connoît pas, pour ainfi dire, le prix de l'argent. Eft-il donc bien étonnant qu'il ne faffe pas fortune ? D'ailleurs, certaines renferme tout ce qu'il eſt néceſſaire de ſavoir touchant les figures & les modes

---

gens l'ont tellement décrié, que le Public ne ſachant à quoi s'en tenir, les grands Seigneurs ont peut-être craint de ſe couvrir de ridicule en le faiſant venir dans leurs Terres ou dans la Capitale. Voilà la réponſe à ce que vous m'aviez demandé plus haut, pourquoi on ne l'avoit pas fait venir à Paris ? Mais parce qu'on n'a pas appellé Parangue à Paris, il ne s'enſuit pas qu'il n'ait le talent de voir à travers la terre ; ce n'eſt là tout au plus qu'une très-mince preuve négative contre tant d'autres preuves poſitives très-fortes & inconteſtables.

Mais j'ai une autre objection à vous faire à mon tour. Suppoſons que vous ayez parié 10000 louis contre moi (ce ſeroit beaucoup, & des Philoſophes comme nous ne ſont pas en état de faire de tels paris) que le phénomene en queſtion n'exiſte pas. Nous plaidons devant un Parlement : on nomme des Commiſſaires pour vérifier le fait; mais Parangue meurt ſubitement. Dans ce cas, il faut s'en tenir aux dépoſitions de ceux qui ont aſſiſté à ſes expériences ; or ces dépoſitions vous ſont contraires, vous perdez donc votre procès.

EUDOXE. Mais il y a des cas où Parangue ſemble avoir perdu le talent merveilleux que vous des syllogismes. Je donne une autre regle générale de juger de la justesse ou de la

---

lui attribuez. Il n'a pas vu l'eau cachée dans des vases couverts de pierres.

Ariste. L'Auteur de l'Hydroscope dont nous avons déjà parlé, a expliqué d'où cela pouvoit venir. Il pourroit se faire, par quelques circonstances particulieres, qu'un Physicien pourroit déterminer, par des expériences réitérées, qu'il y eût des cas dans lesquels Parangue ne verroit pas l'eau à travers la terre ; & cela pourroit venir des qualités particulieres à certaines terres, ou bien, peut-être, de la trop grande chaleur qui les auroit trop desséchées, &c. Ne savons-nous pas que certaines expériences électriques ne réussissent pas dans tous les temps. Dirons-nous à cause de cela que les expériences rapportées par les Physiciens électrisans sont supposées ? Enfin, quand il s'agit de faits, je m'en rapporterai plus volontiers à ceux qui les assurent comme témoins oculaires, qu'à ceux qui les nient parce qu'ils ne les ont pas vus. Lorsqu'un Académicien vient vous dire que les crapauds peuvent vivre plusieurs années sans manger, (voyez le Discours que M. Hérissant a prononcé à la rentrée de l'Académie, après la Saint Martin de cette même année 1772.) vous ne faites pas difficulté de le croire sur sa parole ; pourquoi

fauſſeté de toutes ſortes de ſyllogiſmes.
Je traite, dans le quatrieme chapitre,

---

donc lorſque tant de Savans vous diſent que Parangue voit à travers la terre, rejettez-vous leur témoignage? concevez-vous mieux comment le premier fait peut s'accorder avec les loix de la Phyſique, que le ſecond? Mais que doivent penſer ceux qui ne pourront concilier ni l'un ni l'autre avec ces mêmes loix?

On croyoit autrefois la zone torride inhabitable, & la terre plate, plus longue d'occident en orient, que large du midi au nord. Du temps de Chriſtophe Colomb, bien des gens ne regardoient-ils pas le Nouveau Monde comme une chimere? Un Philoſophe, appuyé ſur les principes erronés d'une Phyſique ridicule, n'auroit-il pas pu ſoutenir à Chriſtophe Colomb qu'il étoit un viſionnaire & qu'il n'avoit jamais vu l'Amérique. La terre eſt plate, lui auroit-il dit, au lieu qu'elle feroit ronde ſi vos prétendues découvertes étoient véritables; d'ailleurs, comment tant de gens qui habiteroient au-deſſous de nous, pourroient-ils ſe ſoutenir? ne tomberoient-ils pas néceſſairement vers le ciel & dans l'eſpace immenſe qui environne la terre? On n'auroit pas pu réfuter ces vains raiſonnemens par les principes de l'attraction inconnue dans ce temps-là. Auroit-il donc été plus raides autres efpeces d'argumentations. Quelques différentes qu'elles paroiffent, elles

---

fonnable de s'en rapporter au raifonnement du Phyficien, qu'au témoignage du Navigateur ? Si quelqu'un venoit nous dire que les merveilles qu'on raconte de l'ifle de Taïti font des chimeres, qu'il eft impoffible qu'il exifte un pays dont les habitans aient les mœurs & le caractere que M. de Bougainville (dans fon Voyage autour du monde) donne à ceux de Taïti , devrions-nous nous en rapporter à celui qui nieroit l'exiftence d'une ifle où il n'a jamais été , ou aux Navigateurs qui en viennent & qui atteftent des faits dont ils ont été témoins oculaires ? L'application de ce raifonnement, au fait de l'Hydrofcope , eft trop facile pour m'y arrêter.

EUDOXE. Je vois bien que je perds mon temps & que vous ne changerez pas de fentiment.

ARISTE. Cela ne m'empéchera pas de vous donner dans toutes les occafions des preuves d'une fincere amitié.

J'ai rapporté, fans partialité, les raifons des uns & des autres, du moins toutes celles qui me font connues : c'eft au lecteur à décider. Mais, me direz-vous peut-être, quel eft votre avis fur cette matiere ? Comme mon fentiment ne doit influer nullement fur l'opinion du Public , qui , dans une peuvent néanmoins se réduire toutes au syllogisme simple. Dans le cinquieme chapitre, je parle des raisonnemens erronés, & des différentes especes de sophismes. Dans le sixieme chapitre, enfin, je parle de différentes causes de nos erreurs.

Suit la quatrieme partie de la Logique, dans laquelle je développe les différentes regles de la méthode analytique & synthétique. La premiere méthode nous fait découvrir la vérité ; la seconde nous apprend la maniere de l'enseigner aux autres. Nous n'entrerons pas ici dans le détail de toutes les regles qui regardent la méthode philosophique, qu'on trouvera clairement développée dans notre livre.

Nous avons, je le sais, un assez grand nombre de Logiques : celle de Volf contient de bonnes choses parmi beaucoup de mauvaises ; on trouvera ici la substance des

---

pareille question, ne doit se décider que par des raisons, & non sur la croyance des autres ; il seroit inutile de dire ici ce que je pense sur un tel phénomene.

bonnes. La Logique, connue ſous le nom
de *Logique de Port-Royal*, a eu beaucoup
de réputation ; elle n'eſt pas ſans mérite,
mais bien des gens la trouvent trop diffuſe
& même trop difficile. Mais, ſans aller paſſer en revue toutes les autres Logiques
connues, je dirai ſimplement que j'ai tâché
de réunir la préciſion, la ſimplicité & la
clarté dans la nôtre, & de la rendre en
même temps curieuſe, intéreſſante : c'eſt
au Public à juger ſi j'ai réuſſi (1). Quoique notre Logique ſoit renfermée dans un

---

(1) J'ai paſſé ſous ſilence une foule de queſtions
ridicules ou inutiles, célebres chez les anciens Scholaſtiques, mais dont les modernes commencent à
faire peu de cas J'ai évité les chicanes dialectiques,
qui ne roulent ſouvent que ſur des mots, & qui
ſont peu propres à rendre l'eſprit juſte. Ces ſortes
de diſputes rendent la lecture des anciens Scholaſtiques inſoutenable ; mais les modernes ſont bien
plus raiſonnables : leur maniere d'enſeigner eſt plus
méthodique & plus intéreſſante. C'eſt à l'Univerſité
de Paris que nous avons cette obligation, & ce
n'eſt pas le ſeul ſervice que ce Corps illuſtre a rendu
aux Sciences.

fort petit volume, elle n'en est pas moins
complette ; mais elle est plus facile à apprendre & à retenir : ce qui n'est pas un
petit avantage (1). Le second volume de

---

(1) J'ai lieu de penser que mes ennemis (car
depuis que je me suis mêlé d'écrire j'en ai raisonnablement) diront, en voyant ma Logique, qu'un
tel Ouvrage est la chose la plus aisée à faire , &
que tout le monde peut la comprendre. Ma réponse
ne sera pas longue. Vous prétendez qu'il est facile
de faire un tel Livre , pourquoi ne l'avez-vous donc
pas fait ? On disoit un jour à Christophe Colomb
que la découverte du nouveau continent n'étoit nullement difficile , & qu'il lui avoit été bien aisé de
soupçonner l'existence de l'Amérique. Cet habile
Navigateur ayant pris un œuf : Qui de vous , dit-il
à ses Convives , pourra faire tenir cet œuf sur l'un
de ses bouts ? Chacun l'ayant essayé vainement ,
ils dirent que la chose étoit impossible ; mais Colomb
ayant pris l'œuf , en frappa la table avec un des
bouts, ce qui l'applatit de ce côté , & le mit en
état de se tenir ferme sur le bout applati : cela est
maintenant facile, leur dit le Navigateur, pourquoi
ne l'avez-vous donc pas fait ?

Messieurs les Auteurs , oserois-je vous dire mon
avis ? Il me paroît que nous ferions mieux , tous

notre Philofophie, volume qui fuivra de fort près celui-ci, & qui fera beaucoup plus gros, renfermera la Métaphyfique, fcience que j'ai tâché de rendre intéreffante pour toutes fortes de gens. Mais afin que nos lecteurs puiffent s'en former une idée, je vais parcourir très-rapidement les différentes matieres que j'y ai traitées. Je commence par dire ce que c'eft que la Métaphyfique, qui n'eft autre chofe que la fcience de l'être en général & des efprits. Je la divife en deux parties, dont l'une contient la Métaphyfique générale, laquelle traite des propriétés générales des êtres ; l'autre partie, ou la Métaphyfique particuliere, connue fous le nom de *Pneumati-*

---

tant que nous fommes, de vivre en paix : entre Corfaires il n'y a que des coups à gagner. Un peu d'indulgence pour les Ouvrages des autres eft fouvent un prêté bien rendu. Si vous avez les yeux affez clairvoyans pour découvrir des défauts dans mes Livres, comme je fuis bien éloigné de croire qu'il n'y en a pas, penfez-vous que je n'en trouverai pas dans les vôtres ?

que,

que ou *Pneumatologie*, confidere la nature & la propriété des efprits.

Dans le premier Chapitre de la premiere partie, je parle de l'Etre & de fes différentes efpeces, de l'Etre réel, feint, imaginaire, de l'effence, de l'exiftence, de la poffibilité extrinfeque & intrinfeque. Dans le deuxieme Chapitre, je traite de l'identité & de la fimilitude. Dans le troifieme Chapitre, je parle de l'Etre fingulier & de l'Etre univerfel. Dans le quatrieme Chapitre, je développe la nature du fuppôt & de la perfonne. Dans le cinquieme Chapitre, je parle du néceffaire & du contingent. Dans le fixieme Chapitre, je traite de l'unité, de la diftinction, de la quantité, de l'ordre, de la vérité, de la perfection. Le feptieme Chapitre traite de l'Etre compofé & fimple, de l'Etre fini & infini. Je parle, dans le huitieme Chapitre, du temps & de l'éternité. Telle eft la premiere partie de notre Métaphyfique.

Je divife la feconde partie en deux Sections. Dans la premiere, je traite de l'ame humaine & de celle des bêtes. Dans la feconde , je parle de Dieu & de fes attributs. Dans le Chapitre premier de de la premiere Section , je fais voir, contre le fentiment des Matérialiftes , que l'ame humaine eft fpirituelle. Je prouve, dans le Chapitre deuxieme , que cette même ame eft immortelle. Je traite dans le troifieme , de l'union de l'ame avec le corps. Dans le quatrieme , je parle de la formation de nos idées & du fiege de l'ame. Le cinquieme Chapitre eft deftiné à l'imaginaticn & à la mémoire. Dans le fixieme , je développe la théorie des fonges. Je parle , dans le feptieme , de ceux qui croient aller au fabbat , & des fomnambules. Le huitieme traite de l'empire de la perfuafion. Dans le neuvieme, je parle des fous , des maniaques, des mélancoliques & de ceux qui fe croient loups-garoux. Le dixieme a pour objet le prétendu pouvoir de l'imagination des meres pour produire des taches fur le corps de leurs enfans. Le Chapitre onzieme traite de la nature des idées. Je parle, dans le fuivant, des habitudes naturelles &

de la différence des efprits. Je traite, dans le treizieme Chapitre, de l'influence des fix chofes non naturelles fur l'efprit. Dans le Chapitre quatorzieme, je parle de l'influence du fexe & de l'âge, des maladies & de certaines conftitutions du corps fur l'efprit. On parle, dans le Chapitre fuivant, de l'influence des faifons fur l'efprit. Le Chapitre feizieme a pour objet l'influence des tempéramens fur l'efprit. On traite, dans le fuivant, de l'influence du climat fur l'efprit. On parle, dans le dixhuitieme Chapitre, du pouvoir de l'éducation fur l'efprit. Dans le dix-neuvieme Chapitre, on traite de quelques moyens de perfectionner les qualités intellectuelles de l'ame, & de donner de l'efprit à ceux qui en manquent. On parle, dans le fuivant, de l'influence de l'application de l'efprit fur la fanté du corps. On traite, dans le Chapitre vingt-&-unieme, de l'influence des paffions fur la fanté. On explique dans le Chapitre fuivant, comment les différentes affections de l'ame occafionnent différentes modifications du corps.

Mais, dans le Chapitre vingt-troisieme, on fait voir comment les différentes modifications du corps peuvent influer sur les passions & les caracteres de l'ame. On parle, dans le Chapitre vingt-quatrieme, de la sympathie & de l'antipathie. Dans le Chapitre vingt-cinquieme, je traite de la puissance, de la volonté, du principe de la raison suffisante & de la liberté. Dans le Chapitre suivant, on parle de l'ame des bêtes, & l'on expose les sentimens de plusieurs Philosophes sur cette matiere. Telle sera la premiere Section.

La seconde Section traite de Dieu & de la Théologie naturelle. Dans le premier Chapitre, on démontre complétement l'existence de Dieu. Dans le Chapitre. suivant, on parle de ses attributs; on fait voir qu'il n'y a qu'un Dieu, que ce Dieu possede la sagesse, l'intelligence, la prévoyance, l'immensité, &c. On traite, dans le Chapitre troisieme, du systême d'Aristote, des Epicuriens, des Spinosistes, des Pithagoriciens, des Manichéens, des Payens, des Antropomorphites, des Fatalistes, des

Idéalistes, des Egoïstes. Dans les quatrieme, cinquieme & sixieme Chapitres, on réfute l'Auteur du Syftême de la Nature. On traite, dans le Chapitre fuivant, de la création & de la confervation. Je parle, dans le Chapitre huitieme, de la Providence divine. Mais je traite du concours divin, dans le Chapitre neuvieme ; & de la nature de ce même concours, dans le Chapitre qui fuit celui-ci. Dans le onzieme Chapitre, je parle du concours fimultain. Dans le Chapitre fuivant, je m'occupe de la prémotion phyfique. Dans le Chapitre treizieme, on parle de Dieu confidéré comme Seigneur, de la Religion naturelle & révélée. Enfin, dans le Chapitre quatorzieme, on parle du fyftême des Déiftes & l'on répond aux plus fortes objections des adverfaires de la Religion.

Je n'ai parcouru, pour ainfi dire, que la table des matieres ; mais ce que je viens de dire fuffit pour en donner une idée à ceux qui connoiffent cette Science. Il feroit trop long de faire le détail des

queftions que contiendront les volumes
fuivans, je me contenterai de dire, que j'ai
lieu d'efpérer que le Public fera content,
& qu'il fera à ma Philofophie un ac-
cueil auffi favorable que celui qu'il a fait
à mes Inftitutions Mathématiques (1).

Au refte, j'ai examiné les chofes avec
beaucoup d'attention, j'ai puifé dans les meilleures fources, mais j'ai puifé en homme
libre, & non en efclave. Quand j'ai penfé que
mes idées étoient mieux fondées que celles
des autres, je n'ai pas fait difficulté de
les préférer. En matiere de pure Philofophie, l'autorité des grands noms que je refpecte le plus, l'autorité même des Académies
n'aura jamais nul empire fur mes fentimens,
la nature feule l'a obtenu ; je ne me réfou-
drai jamais à jurer fur la parole d'un homme, quelque célebre qu'il foit, quelque
grande que foit fa réputation.

---

(1) L'illuftre M. d'Alembert nous a tracé depuis
long-temps le plan d'un Ouvrage élémentaire de
Philofophie : nous ferions bien flattés que nos Elémens puffent obtenir les fuffrages d'un fi grand
homme.

Si j'ai réuſſi, comme j'ai lieu de le penſer, à préſenter des matieres abſtraites ſous
un point de vue facile à ſaiſir pour les
gens même qui n'ont pas une certaine habitude dans les ſciences, c'eſt à une longue habitude d'enſeigner les Mathématiques & la Philoſophie que je le dois. Ceux
qui n'ont jamais enſeigné, quelque ſavans
qu'ils ſoient, ne feront jamais en état de
connoître cette maniere ſimple avec laquelle on doit préſenter la vérité aux eſprits médiocres, ſi l'on veut qu'ils la ſai-
ſiſſent. Ils pourront faire des livres profonds, mais non des livres clairs & faciles. Mais il eſt bien plus aiſé de faire
un ouvrage, propre à ceux qui ſont déjà
inſtruits, que de faire un livre qui ſoit entendu de ceux qui n'ont pas encore mis
les pieds dans les ſciences. Si j'écrivois
pour ces Meſſieurs, qu'on nomme demi-
ſavans, qui mépriſent un livre parce qu'ils
le comprennent, & qui eſtiment les ouvrages à proportion qu'ils les entendent
moins, je ferois dix volumes pendant le
temps que j'emploie à en faire un qui

puisse être facilement entendu par les commençans. Que faut-il en effet pour des gens un peu instruits, sinon de poser des principes, & en tirer des conséquences, sans trop s'embarrasser de lier les conséquences aux principes par une chaîne claire & évidente, parce qu'on doit compter sur la pénétration du lecteur. Mais, s'il s'agit des commençans, il faut exposer clairement les principes, & faire voir d'une maniere évidente, par le moyen des idées intermédiaires, que les conséquences qu'on en tire ont une liaison nécessaire avec les principes : ce qui n'est pas aussi facile qu'on pourroit se l'imaginer.

Il ne me reste qu'une observation à faire. Un très-grand nombre de jeunes gens se retirant des Colleges, sans avoir fait leur Philosophie, ne seroit-il pas avantageux d'enseigner une Logique française aux Rhétoriciens? Nous invitons Messieurs les Professeurs de Rhétorique à examiner cette question.

COURS

COURS

DE

PHILOSOPHIE.

ÉLÉMENS DE LOGIQUE.

CHAPITRE PREMIER.

De la nature de la Philosophie & de son existence.

PHILOSOPHIE, selon l'interprétation du mot grec, signifie amour de la sagesse. Le Roi Léon ayant un jour demandé à Pithagore s'il étoit sage, celui-ci répondit modestement qu'il n'étoit pas sage, mais Philosophe, ou amateur de la sagesse.

A

Mais, sans nous embarrasser de l'étymologie du mot grec, nous dirons que la Philosophie est la science des choses qu'on peut connoître par les seules lumieres naturelles. Par *science*, on entend une connoissance qui est déduite des principes clairs & évidents; comme si je dis que la terre est ronde, parce que l'ombre de la terre se termine en arc de cercle, ainsi qu'il est aisé de s'en appercevoir dans les éclipses de la lune. On appelle *intelligence*, les connoissances que nous avons des choses qui sont évidentes par elles-mêmes. Quand je dis que deux & deux font quatre, cette connoissance est une intelligence, & non une science.

On peut diviser la Philosophie en cinq parties. La premiere, qu'on appelle *Logique*, est cette science qui dirige l'esprit dans la recherche de la vérité. La seconde est la *Métaphysique*, qui traite des propriétés générales des êtres, des attributs de Dieu & de la nature des esprits. La troisieme partie où la *Morale* nous fait connoître les actions bonnes ou mauvaises & nous dirige dans la pratique de la vertu, c'est, à proprement parler, la Philofophie - pratique. Les *Mathématiques*, qui confiderent les propriétés de la grandeur, font la quatrieme partie de la Philofophie. Enfin la derniere partie eft cette fcience fi agréable & fi utile, qui nous fait connoître les corps & leurs propriétés, & qu'on nomme *Phyſique*.

Ceux qui ignorent les Elémens de Mathématiques, ne fauroient bien comprendre en quoi confifte une véritable démonftration. Il y a plufieurs queftions dans la Phyfique qui ne peuvent être bien traitées fans le fecours des Mathématiques. Ces deux fciences fe tiennent par la main, de maniere qu'on ne peut féparer la Phyfique des Mathématiques, fans lui faire perdre beaucoup de fon prix.

Le calcul des probabilités, qui appartient à la Logique, fuppofe les Mathématiques, & je fuis perfuadé que ceux qui font au fait de nos inftitutions, comprendront avec la plus grande facilité les autres parties de la Philofophie.

Nous avons déjà parlé des Mathématiques dans nos Inftitutions; il nous refte à traiter de la Logique, Métaphyfique, Morale & Physique. Nous commencerons par la Logique : suivra la Métaphysique. Nous parlerons ensuite de la Morale ; mais cette Morale renfermera la Politique qu'on doit regarder comme une partie de la Morale. Enfin la Physique terminera notre Cours ou nos Eléments de Philosophie.

Socrate & Platon furent les Chefs de la Secte des *Académiciens*, qui tira son nom d'un lieu qu'un Athénien, nommé *Academus*, avoit consacré aux exercices philosophiques. Les Académiciens n'assuroient rien, & Socrate disoit qu'il ne savoit rien. Ils pensoient que la vérité est inconnue, mais ils s'appliquoient à la chercher ; c'est pourquoi on les a appellés *Sceptiques*, comme qui diroit Inquisiteurs. On les appella aussi *Pyrrhoniens*, à cause de *Pyrrhon* Académicien. Arsésilas prétendoit même qu'il ne pouvoit rien savoir. Aristote, Disciple de Platon, fut le Chef de la Secte des *Péripatéticiens*, comme qui diroit Secte ambulante, parce que les Disciples de ce Philosophe disputoient en se promenant dans le *Licée*, lieu très-agréable, situé auprès d'Athénes. Aristote & ses Disciples furent appellés *Dog-*

matiques, parce qu'ils affuroient que nous connoiſſons certaines choſes avec certitude.

Il ſeroit inutile d'employer de longs raiſonnements pour prouver que la Philoſophie exiſte ; car n'eſt-il pas clair que nous avons pluſieurs connoiſſances philoſophiques ? Si je dis que le bras d'un homme eſt plus petit que tout ſon corps, parce que le bras eſt une partie du corps & que le tout eſt plus grand que la partie, cette connoiſſance ſera une connoiſſance philoſophique. Il en eſt de même de celle-ci : je penſe ; donc j'exiſte, &c. Et ne doit-on pas regarder *Métrodore* comme le plus fou de tous les hommes, lorſqu'il nie que nous ſoyons certains ſi nous ſavons quelque choſe ou ſi nous ne ſavons rien (1).

Mais, par quels moyens pouvons-nous être certains d'une vérité, par exemple, que le tout eſt plus grand que ſa partie ? L'évidence de la choſe nous en aſſure ſuffiſam-

____

(1) Je ne crois pas qu'il y ait au monde un ſeul homme qui révoque en doute l'exiſtence de la ſcience. Mais on diſpute ſur la queſtion ſi les ſciences ſont utiles. C'eſt diſputer s'il convient que l'homme ait un entendement, des yeux & des oreilles.

A iij

ment & ne nous laisse même aucune crainte de nous tromper. J'avoue que, faute de réflexion, & dans des questions fort compliquées, de grands hommes ont jugé avec trop de précipitation qu'ils avoient une évidence qu'ils n'avoient pas ; mais, s'ils eussent examiné les choses de sang-froid & de tous les côtés, ils auroient certainement compris qu'il leur restoit quelqu'incertitude & qu'ils n'avoient point cette évidence qui se manifeste par elle-même lorsqu'il s'agit de certaines vérités.

Si on demande ce que c'est que l'*évidence*, je dirai que c'est la perception claire d'une vérité ; perception qui n'a pas besoin d'une autre perception pour être apperçue, mais qui a la propriété de se manifester à l'ame par elle-même, & de lui ôter toute inquiétude sur ce qu'elle desiroit de connoître.

CHAPITRE II.

Du premier principe des connoiſſances philoſophiques.

PAR *premier principe des connoiſſances philoſophiques*, on entend un principe dont la connoiſſance ne ſuppoſe pas celle d'un autre principe, un principe connu par lui-même, certain & qui ſoit la derniere raiſon qu'on peut rendre quand on nous demande pourquoi nous croyons une choſe; par exemple, que le tout eſt plus grand que ſa partie, que les trois angles d'un triangle valent deux angles droits. La derniere raiſon que peut donner celui à qui on demande pourquoi il croit que le tout eſt plus grand que ſa partie, eſt celle-ci: *parce que cela eſt évident.*

PROPOSITION. *Le premier principe des connoiſſances philoſophiques, eſt celui-ci: Tout ce qu'on apperçoit avec évidence eſt vrai.* En effet, un tel principe eſt certain, parce que l'évidence ne peut tromper. Il eſt connu par lui-même; car par quel au-

tre principe seroit-il connu? Il est la derniere raison qu'on puisse rendre, lorsqu'on
nous interroge pourquoi nous croyons une
chose; par exemple, pourquoi je crois que
j'existe à cause que je pense : ainsi le premier principe des connoissances philosophiques est celui dont on vient de parler.

CHAPITRE III.

*De la Définition, de l'Etre, de la Substance,
du Mode, de l'Essence, de la Cause, de la
Puissance, de la Distinction, de l'Individu,
du Sujet & de l'Attribut, du Genre, de
la Différence & de l'Espece.*

LA *Définition d'un nom* est l'explication
de ce que l'on entend par ce nom.

La *définition d'une chose* est l'explication de la nature de cette chose : quand je
dis un triangle est une figure terminée par
trois lignes, je donne alors la définition du
triangle. Une bonne définition doit être
courte, claire, & faire bien connoître la
chose définie.

.La *Description* eſt un diſcours qui fait connoître une choſe par l'énumération de pluſieurs propriétés qui, priſes enſemble, ne peuvent convenir qu'à cette choſe ſeule; comme ſi je dis, l'homme eſt un être qui a deux pieds & deux mains, qui marche la tête levée, qui raiſonne & qui a des paſſions.

Par *Etre*, on entend une choſe qui exiſte ou qui peut exiſter.

La *Subſtance* eſt un être qui exiſte en ſoi.

Le *Mode* eſt un être qui exiſte dans un autre; ainſi la rondeur d'une boule de cire exiſte dans la cire, & non en elle-même; au contraire la cire exiſte en elle-même.

L'*eſſence* d'une choſe eſt ce qui conſtitue une choſe telle, & ſans quoi elle ne peut exiſter: ainſi l'ame & le corps ſont l'eſſence de l'homme; car il ne peut exiſter aucun homme ſans l'ame & le corps.

La *cauſe*, proprement dite, eſt ce qui produit un effet: on l'appelle auſſi *cauſe efficiente*. La *cauſe finale* eſt la fin qu'on ſe propoſe en faiſant quelque choſe. La *cauſe occaſionnelle* eſt celle qui ne produit point l'effet, mais eſt l'occaſion de la production

de l'effet, comme, par exemple , le gain
d'une bataille qui occasionne un feu d'artifice.

La *puissance active* est la force de faire
quelque chose : la *puissance passive* est l'ap-
titude à recevoir quelque chose ; la cire,
par exemple , a la puissance passive de recevoir la rondeur.

Il y a une *distinction* entre les choses qui
ne sont pas une seule & même chose,
comme , par exemple, entre un cheval &
un lion. Cette distinction est *réelle*. On l'appelle *réelle majeure* , lorsqu'elle se trouve
entre deux choses différentes ; mais elle
s'appelle *réelle mineure* , si elle se trouve
entre une chose & un mode inhérent à sa
substance , sans lequel la substance peut
exister, quoique le mode ne puisse exister
sans la substance. Telle est la distinction
qu'il y a entre la cire & sa rondeur : car la
cire peut bien exister sans être ronde ; mais
la rondeur de la cire ne peut exister sans la
cire.

La *Distinction mentale* est celle qui a son
fondement dans notre esprit , qui considere
comme différentes des choses qui ne le

font pas réellement ; comme quand je considere l'intellect & la volonté de l'homme comme deux choses différentes, quoique, dans le fond, cela ne soit que la même ame qui comprend & qui veut.

Le *Sujet* est une chose de laquelle on assure ou de laquelle on nie une autre chose ; l'*attribut* est la chose qu'on assure ou qu'on nie du sujet. Quand je dis, Dieu est bon, j'assure de Dieu qu'il est bon : quand je dis, la terre est ronde, la terre est le sujet, & la rondeur est l'*attribut* ou *predicat.* De même, si je dis, la terre n'est pas quarrée, la quadradure sera l'attribut, & la terre sera le sujet.

Le *Genre* est une propriété qui convient à plusieurs especes ; ainsi la substance, qui convient aux corps & aux esprits, est un genre. Le *genre suprême* est celui qui n'en a aucun au-dessus de lui : tel est l'être. Le *subalterne* en a au-dessus & au-dessous de lui, comme la substance qui a l'être au-dessus & l'animal au-dessous. Le *dernier genre*, ou le plus bas, est celui qui n'en a aucun au-dessous de lui : tel est l'animal.

La *Différence* est une propriété par laquelle une espece differe d'une autre espece.

L'*Espece* est l'ensemble du genre & de la différence; ainsi, quand je dis, l'homme est un animal raisonnable, animal & raisonnable constituent l'espece des hommes : animal est le genre, & raisonnable la différence.

CHAPITRE IV.

De la nature de la Logique.

ON doit distinguer deux especes de Logiques; l'une naturelle, l'autre artificielle. La premiere n'est autre chose que cette disposition naturelle réduite en habitude, par laquelle l'esprit est dirigé dans la connoissance de la vérité. On peut appeller *Logique artificielle*, la connoissance distincte des regles du raisonnement; de sorte que la Logique artificielle n'est autre chose que la Logique naturelle bien développée.

Il y a une espece de *Logique Sophistique* qui consiste dans l'art de disputer & de chicaner, & qui prive, pour ainsi dire, de ſens commun ceux qui s'en font une habitude.

Nous ne traiterons ici que de la véritable Logique, que la ſincérité doit toujours accompagner : nous abandonnons l'autre aux Sophiſtes. Dans la recherche de la vérité l'eſprit n'a beſoin que de *perceptions*, de *jugements*, de *raiſonnemens* & de *méthode*. Ainſi on peut diviſer la Logique en quatre parties. Dans la premiere nous traiterons de la Perception, dans la ſeconde du Jugement, dans la troiſieme du Raiſonnemens, dans la quatrieme, enfin, nous parlerons de la Méthode,

PREMIERE PARTIE.

DES PERCEPTIONS.

L'*IDÉE* ou *Perception* d'un objet eſt un
acte de l'eſprit par lequel nous connoiſſons
cet objet ſans rien affirmer & ſans rien nier de
cet objet. Comme ſi quelqu'un ſe repréſente
le ſoleil , ſans rien affirmer ou rien nier touchant ſa grandeur, ſa figure , ſa nature , &c.
il eſt évident qu'on ne peut avoir l'idée du
rien , parce que le rien n'eſt pas un objet.
Il y a dans l'ame deux facultés, dont l'une
eſt appellée *volonté :* c'eſt la faculté par laquelle l'ame deſire ou hait un objet. L'*intellect* eſt cette faculté par laquelle l'ame
connoît.

L'ame connoît les objets extérieurs par le
moyen des ſens , qui ſont au nombre de
cinq : la *vue* , ou les yeux ; l'*ouïe* , ou les
oreilles ; l'*odorat* , ou le nez ; le *goût* , dont
la bouche eſt l'organe ; & le *tact* , qui eſt
répandu par tout le corps. L'anatomie apprend que les nerfs, qui ſont des eſpeces de

cordons, tirent leur origine du cerveau ou de la moëlle alongée , qui elle-même doit son origine au cerveau, & qui defcend le long de l'épine du dos. C'eft par le moyen des nerfs que les objets extérieurs peuvent ébranler le cerveau: l'impreffion, par exemple, que la lumiere fait fur l'œil ne parvient au cerveau que par le moyen des nerfs optiques, qui font des nerfs qui vont aux yeux. Si on lie fortement le doigt d'un homme , ou qu'on coupe les nerfs qui aboutiffent à une partie du corps, on pourra enfuite pincer cette partie fans qu'on éprouve de la douleur. Cela vient de ce que les *efprits animaux* (c'eft le *fluide nerveux*, ou cette liqueur fubtile qui coule dans les nerfs) ne peuvent pas remonter vers le cerveau & ébranler cette partie qu'on appelle le *fenforium commune*. Or, telle eft la loi que le Créateur a établie entre l'ame & le corps, que toutes les fois qu'il fe fait quelque changement, quelque ébranlement dans le *fenforium*, l'ame doit éprouver une fenfation qui fera la même lorfque cet ébranlement fera le même. On peut appeller *fens internes* cette partie du cerveau que nous avons nom-

mée *senforium commune*. La *senfation* eft
une affection que l'ame éprouve à l'occafion
d'un objet qui agit fur les fens. Telle eft
l'affection que nous éprouvons en regardant
le foleil; telle eft la connoiffance que nous
acquérons en regardant un objet que nous
n'avons pas vu. Cette connoiffance d'un
objet préfent peut auffi s'appeller une *idée
fenfuelle*. On peut encore rapporter à la
claffe des fenfations la douleur ou le plaifir
qu'on peut éprouver à l'occafion des différens changemens qui peuvent arriver dans
le corps par des caufes intérieures. L'*imagination* eft la faculté de fe repréfenter les
objets abfens fous des images corporelles;
ainfi pendant la nuit je puis me repréfenter
le foleil, ou un ami que je ne vois pas.

L'*idée intellectuelle* eft la connoiffance
d'un objet qui ne peut affecter les fens; c'eft
auffi la connoiffance d'un objet que l'imagination ne peut repréfentet, comme la connoiffance de Dieu, de l'ame, de la juftice, &c.
Par le moyen d'une telle idée l'ame connoît
diftinctement une figure de mille côtés, que
l'imagination ne peut pas repréfenter.

La *mémoire* eft une faculté par laquelle

l'âme se rappelle les idées passées, en se souvenant qu'elle les a eues autrefois. Lorsque les esprits animaux qui avoient causé quelque ébranlement dans le cerveau, ou qui avoient imprimé quelques traces, viennent à repasser par ces mêmes traces ou à produire un ébranlement semblable, l'ame acquiert la même idée qu'elle avoit éprouvée auparavant. Si les vestiges qu'impriment les esprits animaux s'effacent facilement, comme dans les enfans, dont le cerveau est mollasse, on aura peu de mémoire.

La *réminiscence* est une faculté de l'ame par laquelle elle se rappelle qu'elle a eu autrefois une affection, soit que cette affection se trouve actuellement dans l'ame, ou qu'elle ne s'y trouve pas. Ainsi quand on se rappelle qu'on a eu autrefois un violent mal de tête qu'on n'a plus, ce souvenir est une réminiscence ; de sorte que la réminiscence est plus étendue que la mémoire.

L'*attention* est une faculté par laquelle l'ame considere un objet pour le mieux connoître. L'attention, la mémoire & l'imagination sont des facultés qu'on peut perfectionner par l'exercice.

Le *sens intime* est cette faculté par laquelle l'ame est avertie d'une affection qu'elle éprouve : lorsque, par exemple, j'ai l'idée du triangle, mon ame sait qu'elle a cette idée, & c'est le sens intime qui l'en avertit.

CHAPITRE PREMIER.

De la simplicité des Idées.

ON peut considérer l'idée ou quant à son objet, ou en elle-même.

Si on considere une idée quant à son objet, elle sera appellée singuliere, lorsqu'elle représentera un objet singulier, comme Socrate ; si elle représente un objet particulier, comme quelque homme, sans déterminer lequel, elle est *particuliere* ; mais on l'appelle *univerfelle*, si elle représente un objet universel : telle est l'idée qui représenteroit tous les hommes. Le *signe de singularité* est désigné par *celui-ci*, *celui-là*, &c. le *signe* de *particularité* est indiqué par *quelque*, *quelqu'un* ; le *signe d'universalité* est exprimé par *tout*, *aucun* ; comme si on dit, tout homme, aucun lieu.

Une idée finguliere peut devenir univer-felle par *abftraction*. L'abftraction eft une opération de l'efprit par laquelle nous con-fidérons, dans un objet, une chofe, fans faire attention à une autre qui eft la même. Par exemple, fi dans l'idée de Socrate, qui eft une idée finguliere, je confidere la nature humaine, fans faire attention au fujet dans lequel fe trouve cette nature, par cette opération, qui eft une *précifion*, je fépare, pour ainfi dire, la nature humaine de So-crate; & c'eft l'idée de la nature humaine qui eft univerfelle, puifque la nature hu-maine fe trouve dans tous les hommes.

L'idée d'une montagne d'or que notre ame forme de l'idée de l'or & de celle de la montagne, eft une idée *compofée*, par rapport à fon objet, qui eft compofé; ainfi, en confidérant les idées du côté de l'objet, il y a des idées compofées. L'idée d'un arbre eft compofée, puifque l'arbre eft un com-pofé du tronc, des branches & des racines.

Mais en regardant l'idée en elle-même, elle eft fimple, & non compofée de parties. Car l'idée eft une affection de l'ame qui n'a point de parties, non plus que l'ame; &

nous fommes bien éloignés de penfer que l'idée de l'étendue, par exemple, foit compofée d'autres idées dont chacune repréfenteroit une partie de l'étendue : car l'idée d'un triangle n'eft pas compofée d'autres idées, dont chacune me repréfente un côté, ou un angle, ou une partie du triangle; mais c'eft une idée unique, indivifible & fimple.

On appelle *modification*, ce qui détermine une chofe à exifter d'une certaine maniere plutôt que d'une autre. La rondeur d'une boule de cire, déterminant la cire à exifter avec une figure plutôt qu'avec une autre figure, eft une modification de la cire. L'idée du triangle détermine l'ame à exifter avec la connoiffance du triangle plutôt que fans cette connoiffance. Ainfi l'idée du triangle eft une modification de l'ame; & en général toute idée eft une modification de l'ame. Mais l'ame eft un être fimple fpirituel fans parties; ainfi fes modifications ne peuvent être compofées : par conféquent toute idée confidérée en elle-même, ou du côté du fujet dans lequel elle réfide, eft fimple, & ne fauroit être divifée. En effet, il ne sauroit y avoir la moitié, le tiers, ou le quart d'une idée.

CHAPITRE II.

De l'origine des Idées.

LES Cartésiens distinguent trois especes d'idées ; les idées *innées*, les idées *adventices* & les idées *factices*. Une idée innée seroit une idée que Dieu imprimeroit, pour ainsi dire, dans notre ame en la créant. Les idées adventices sont celles que Dieu produit dans notre ame à l'occasion des impressions que font les objets externes sur nos sens : telle est l'idée des couleurs, la sensation ou l'idée du soleil (car la sensation d'un objet que nous voyons & son idée font la même chose), lorsque nous tournons nos yeux vers cet astre. Les idées factices sont celles que l'esprit acquiert en combinant d'autres idées : telles sont les idées d'une montagne d'or, d'un bœuf aîlé, &c.

PROPOSITION. *Il n'y a aucune idée innée.* En effet, une idée innée est une idée que Dieu auroit produite dans notre ame au premier inſtant de la création ou en la créant, & qui ſeroit toujours exiſtante dans notre ame : or, il n'y a point de telles idées ; car ces idées affecteroient notre ame, & ſe manifeſteroient continuellement à elle : mais il n'y a aucune idée qui ſoit toujours préſente à notre eſprit, comme l'expérience le prouve. Il n'y a donc aucune idée innée.

Je ſens bien qu'on pourra nous dire, 1°. que ces idées ſont aſſoupies, & qu'elles ſe réveillent, pour ainſi dire, à l'occaſion de l'impreſſion des objets extérieurs ſur les ſens ; & qu'il en eſt de même des idées que nous nous rappellons par la mémoire.

2°. Que l'enfant, dans le ſein de ſa mere, a des penſées ; car on ne ſauroit concevoir l'ame ſans aucune penſée ; & que les penſées qu'a l'ame au premier inſtant de ſa création, ſont des idées innées.

3°. Que la connoiſſance des premiers principes de la loi naturelle eſt innée, & que perſonne ne doute de cette vérité : Ne faites pas aux autres ce que vous ne voudriez pas qu'on vous fît.

Il eſt facile de répondre à ces objections ;

& d'abord, comment peut-on dire qu'il y ait dans l'esprit une idée qui n'est pas apperçue par l'entendement ? C'est la même chose que si on disoit qu'une chose est & n'est pas dans l'entendement. Les idées que nous nous rappellons par la mémoire n'existent pas dans notre ame pendant le temps que nous ne les remarquons pas ; ainsi ce ne sont pas des idées assoupies. En second lieu, dans le sein de la mere, l'enfant peut avoir des sensations, puisque son corps peut recevoir des impressions ; que l'enfant peut sentir l'impression que fait son bras qui touche son corps, &c. Ainsi l'enfant, dans le sein de sa mere, a le sentiment & la connoissance de son existence. D'ailleurs, est-il bien certain que l'ame pense toujours ? Quant à la troisieme objection, je dirai que la moindre attention, la moindre réflexion suffit pour parvenir à la connoissance des premiers principes de la loi naturelle & de l'Être suprême ; & que, si peu qu'on veuille faire usage de la faculté de raisonner que Dieu nous a accordée, on parviendra bientôt à cette connoissance : *Ne fais pas aux autres ce que tu ne veux pas qu'on te faſſe.* De ſorte que les connoiſſances de cette nature ſont ſi faciles à acquérir, qu'elles ſe préſentent à notre eſprit comme d'elles-mêmes dans les occaſions ordinaires où nous pouvons en faire uſage.

P R O P O S I T I O N. *Toutes les idées ne viennent pas de l'impreſſion faite dans les ſens ; mais pluſieurs tirent leur origine de la réflexion.* Il eſt certain 1°. que l'impreſſion faite dans les ſens eſt la cauſe occaſionnelle de pluſieurs idées ; c'eſt-à-dire, que Dieu s'eſt déterminé à produire dans notre ame les idées des objets qui frapperoient nos ſens. Ainſi l'impreſſion des objets ſur nos ſens eſt une cauſe qui détermine Dieu à produire dans notre entendement telle ou telle idée. Si un homme voit pour la premiere fois un objet dont il n'avoit auparavant aucune connoiſſance, un lion, par exemple, l'impreſſion que fait cet objet ſur les yeux de cet homme détermine Dieu à produire dans ſon ame l'idée du lion ; & ſi nous n'avions pas des yeux, nous n'aurions aucune idée des couleurs. Ainſi, il eſt certain que pluſieurs idées tirent leur origine des ſens. 2°. Nous remarquons tous les jours

jours qu'en réfléchissant sur les objets de nos idées, nous en acquérons de nouvelles; donc plusieurs idées tirent leur origine de la réflexion.

OBJECTION. Mais, dira-t-on, quelle connexion y a-t-il entre l'impreſſion faite ſur nos ſens & la production d'une idée dans l'entendement, ou entre la réflexion & la production des idées? J'avoue, en premier lieu, qu'il n'y a aucune connexion naturelle entre la production de l'idée, qui eſt quelque choſe de ſpirituel, & l'impreſſion faite ſur les ſens, qui eſt quelque choſe de matériel; mais il y a une connexion qui dépend de la volonté libre du Créateur, qui a voulu ſe déterminer à produire dans l'ame telle ou telle idée, ſelon qu'il y auroit dans le cerveau tel ou tel ébranlement; ce qui n'a rien de contradictoire. En ſecond lieu, lorſque nous réfléchiſſons ſur quelqu'objet, nous formons nous-mêmes de nouvelles idées, en combinant celles que nous avions déjà: ou bien Dieu exauce la priere naturelle que nous lui faiſons de nous éclairer (car la réflexion eſt une eſpece de priere par la-

quelle nous demandons à Dieu de nous
instruire,) en nous accordant de nouvelles
idées : de sorte que la réflexion est peut-
être une occasion qui détermine l'Être suprême à produire en nous de nouvelles
idées.

Pour que l'impression faite dans les sens
externes soit suivie d'une idée ou d'une
sensation, il est nécessaire que cette impression parvienne jusqu'au cerveau : ainsi
lorsque les nerfs optiques sont paralysés,
en vain on tourne ses yeux vers un objet,
l'impression faite sur les yeux ne parvenant
pas jusqu'au *sensorium*, on n'acquiert aucune
connoissance de l'objet.

Si le *sensorium* est ébranlé par une cause
interne, comme par le mouvement du sang
ou du fluide nerveux, ce qui peut arriver
pendant le sommeil, dans le délire, &c.
de la même maniere que si un objet faisoit
actuellement impression sur les sens externes, on aura les mêmes idées, & on
verra cet objet devant les yeux, quoiqu'il
n'y soit pas (1). C'est pour la même raison

____

(1) Ce reflux des esprits animaux vers le cerveau n'arrivera que quand la force comprimante surpassera la force

qu'un homme à qui on auroit coupé une jambe attaquée de la goutte, pourroit sentir de la douleur dans cette jambe, pourvu que son cerveau pût être ébranlé de la même maniere qu'il l'étoit lorsque sa jambe lui faisoit mal. Ainsi les idées sont produites dans l'ame à l'occasion de l'impression faite sur les sens externes ou dans le sens interne, c'est-à-dire le *sensorium*, ou à l'occasion de la réflexion (1).

---

avec laquelle ils sont déterminés à couler vers les parties externes du corps, ce qui rend raison de la foiblesse des impressions dans certains cas, & de leur énergie dans d'autres. Dans un combat opiniâtre, l'ardeur de remporter la victoire faisant couler les esprits avec beaucoup de force, il n'est pas surprenant que les combattans reçoivent souvent des blessures dont ils ne s'apperçoivent pas d'abord, parce que la cause qui tend à pousser les esprits vers le cerveau ne peut vaincre l'action de celle qui les pousse vers les parties externes du corps.

(1) Lorsque nous voulons nous représenter un objet, l'image nous est si intime, qu'on la croiroit peinte au fond de l'œil. Si nous imaginons quelque son, nous éprouvons, pour ainsi dire, une espece de bruit dans les oreilles. Cherchons-nous à nous rappeller quelque goût, il se fait une légere constriction dans les nerfs du palais qui, quelquefois, fait couler la salive abondamment, de sorte que toute la bouche en est arrosée. On voit donc par-là que la volonté peut exciter dans le corps des mouvemens suivis de sensations.

Mais , pourquoi une longue réflexion cauſe-t-elle le mal de tête ? Cela peut venir de ce qu'alors la tête ſe remplit de ſang & d'humeurs qui diſtendent le cerveau.

CHAPITRE III.

De la vérité des Idées.

PROPOSITION. *Toute idée eſt vraie, & il ne peut y avoir de fauſſes idées.* Une idée fauſſe ſeroit celle qui repréſenteroit dans un objet des propriétés qui ne ſe trouveroient pas dans cet objet, ou qui ne pourroient ſubſiſter enſemble : or, il ne peut y avoir de telles idées. Car comme les propriétés contradictoires s'excluent mutuellement, leurs repréſentations s'excluent de même ; & une idée ne peut pas plus repréſenter un cercle carré, qu'un Peintre ne peut faire un tableau qui repréſente un tel cercle, parce que la rondeur exclud la quadrature : toutes les idées ſont donc vraies.

Toutes les fois que nous connoiſſons bien un objet, nous ſommes ſûrs qu'il eſt tel que ſon idée nous le repréſente ; & quand nous

nous trompons, nous éprouvons, en y faisant bien attention, qu'il y a quelque chose d'inconnu dans l'objet que nous voulons connoître.

Il ne faut pas confondre *l'objet interne* de l'idée, c'est-à-dire, l'objet que l'idée représente avec *l'objet externe* qui est devant nos yeux, & qui est l'occasion de l'idée. En voyant, par exemple, une piece de cuivre faite comme un louis d'or, un homme qui ne sera pas connoisseur pourra penser que cette piece est d'or & avoir l'idée d'un louis d'or. Le louis d'or qui est représenté par l'idée, est une chose possible & non existante ; car les idées représentent la nature & l'essence des choses, mais il n'est pas de l'essence d'un louis d'or d'exister (1). Ainsi, celui qui, à l'occasion d'une pareille idée, conclud que la piece de métal qui est devant ses yeux est d'or, porte un juge-

-----

(1) Nous ne voyons pas en eux-mêmes les objets qui existent devant nos yeux : car lorsque nous regardons la lune, par exemple, avec un verre à facettes, nous en appercevons plusieurs quoiqu'il n'y en ait qu'une ; les idées de ces lunes nous représentent donc des lunes possibles, & non existantes.

ment faux quoique son idée soit vraie. De même, lorsqu'on voit de loin une tour carrée, on a l'idée d'une tour ronde. Cette idée qui représente la tour ronde est vraie, puisqu'elle est conforme à la tour ronde représentée, quoiqu'elle ne soit pas conforme à la tour carrée qui a donné occasion à cette idée. Il en est de même de l'idée d'un loup à la présence d'un chien qu'on voit d'un peu loin, ou de l'idée d'un bâton non droit, en présence d'un bâton droit à demi-enfoncé dans l'eau ; car l'idée du loup est conforme à l'objet représenté, & il en est de même de l'idée du bâton non droit ; mais ces idées ne sont pas conformes aux objets externes auxquels on les rapporte en jugeant que les objets internes de nos idées sont les mêmes que ceux qui font impression sur nos sens. Et delà il suit que l'idée, considérée par rapport à l'objet externe, peut être fausse, ou donner occasion de porter un jugement faux, quoiqu'en la considérant par rapport à l'objet interne, elle soit toujours vraie. Quand on dit dans le monde, cet homme a la tête pleine d'idées fausses, cela veut dire, cet homme eſt ſujet à porter beaucoup de jugemens faux ; & l'on confond le jugement avec l'idée.

On pourra me dire qu'un tableau qui ne repréſente pas l'objet qu'il doit repréſenter, étant faux, une idée qui ne repréſente pas l'objet auquel on la rapporte eſt auſſi une idée fauſſe.

Si le tableau qui doit repréſenter le Roi de Pruſſe, repréſentoit l'Empereur de la Chine, le Peintre auroit manqué ſon but, puiſqu'il vouloit repréſenter le Roi de Pruſſe ; mais ce tableau ſeroit vrai, puiſqu'il ſeroit conforme à l'objet repréſenté, quoiqu'il ne fût pas conforme à celui que le Peintre vouloit repréſenter. En un mot, un tableau repréſente toujours un objet exiſtant ou poſſible auquel il eſt conforme. Ainſi tout tableau eſt vrai, en le conſidérant par rapport à l'objet repréſenté, quoiqu'il ne le ſoit pas toujours par rapport à l'objet qui devroit être repréſenté. De même une idée n'étant que la repréſentation d'un objet, doit être néceſſairement vraie, autrement elle ne ſeroit pas la repréſentation de cet objet, ce qui eſt contre la ſuppoſition.

CHAPITRE IV.

De la distinction & de la clarté des Idées.

Une *idée distincte* est celle qui nous fait distinguer l'objet qu'elle représente de toute autre chose. Une *idée confuse* seroit celle dont on confondroit l'objet avec celui de toute autre idée. L'*idée claire* est celle qui représente un objet de maniere que l'on connoît ce que c'est que cet objet.

Proposition. *Toute idée est distincte.* En effet, les idées représentent dans les objets les propriétés semblables, comme semblables, & les propriétés différentes comme différentes ; car les idées représentent les objets tels qu'ils sont en eux-mêmes, puisqu'elles représentent leur nature : ainsi toutes les idées sont distinctes.

Mais, dira-t-on, si on vous présente un animal étranger, il pourra arriver que vous hésiterez, ne sachant si cet animal est le même qu'un autre animal que vous avez vu autrefois. Si on vous faisoit voir une figure de mille côtés, vous ne pourriez la distinguer d'une autre figure de mille & un côtés qu'on vous auroit fait voir auparavant. Il y a donc des idées qui ne sont pas distinctes.

Je réponds, 1°. qu'en voyant un animal, l'idée que j'acquiers me représente des propriétés qui peuvent convenir à un autre animal que je n'ai jamais vu. Lorsqu'ensuite je vois cet autre animal, mon ame acquiert de nouveau l'idée des mêmes propriétés ; & comme ces deux idées représentent la même chose, il n'est pas étonnant qu'on ne puisse distinguer le second animal du premier, puisqu'on ne connoît que les propriétés qui leur sont communes ; de sorte qu'à proprement parler, on n'a l'idée d'aucun de ces animaux, mais seulement l'idée de deux animaux qui ont des propriétés communes. Mais, si on avoit l'idée des propriétés particulieres qui se trouvent dans chacun, ou si on avoit l'idée de chacun en particulier, on n'auroit aucune peine à les distinguer l'un de l'autre. 2°. Quand je compare l'idée d'une figure de mille & un côtés avec l'idée d'une figure de mille côtés, je diſtingue clairement une figure de l'autre ; mais quand je vois une figure de mille côtés, je ne la puis pas diſtinguer d'une figure de mille & un côtés, parce que par la viſion j'acquiers ſeulement l'idée d'une figure d'un grand nombre de côtés, & non d'une figure d'un tel nombre de côtés. Ainſi nous pouvons, dans tous les cas, diſtinguer les objets internes, ou les objets proprement dits de nos idées, quoique nous ne puiſſions pas toujours diſtinguer les objets externes qui font impreſſion ſur nos ſens.

PROPOSITION. *Toute idée eſt claire.* Car l'idée claire eſt celle qui nous fait comprendre ce que c'eſt que l'objet de cette idée. Or, toute idée nous fait connoître ſon objet tel qu'il eſt : car toute idée eſt ſentie par l'ame, & d'ailleurs elle repréſente ſon objet tel qu'il eſt ; ainſi toute idée fait connoître ſon objet d'une maniere claire : toute idée eſt donc claire.

Mais, pourquoi, lorſque de loin je vois un lion, j'ai l'idée d'une choſe ſans que je puiſſe dire ce que c'eſt ; cette idée n'eſt donc pas claire.

Il est facile de résoudre cette difficulté. Lorsqu'on voit de loin un lion, on a seulement l'idée d'un corps, ou de quelque chose d'étendu , & cette idée est claire. Véritablement on pourra juger que le corps dont on a l'idée est toute autre chose qu'un lion. Mais il faut se rappeller que l'idée dont on vient de parler étant l'idée d'un corps possible, représente clairement son objet ; & si l'on juge que le corps qu'on a devant les yeux est le corps d'un bœuf & non celui d'un lion, on porte un faux jugement; mais l'idée que l'on a n'en est pas moins claire. Cependant une idée qui nous représente quelques propriétés d'un objet, sans nous faire connoître suffisamment cet objet, est une idée qu'on peut appeller *confuse* quant à cet objet , & non quant aux propriétés qu'elle représente. A proprement parler, une idée n'est confuse ni claire par rapport à ce qu'elle ne représente pas ; mais on l'appelle confuse pour désigner qu'elle ne représente pas assez de propriétés pour faire bien connoître l'objet. Or, dans ce sens, l'idée des corps est fort confuse.

B vj

CHAPITRE V.

Des Catégories, des Universaux & des Grades métaphysiques.

LES fameuses *Catégories* d'Aristote ne font autre chose que des especes de lieux déterminés, ou, si l'on veut, des cases dans lesquelles on peut prendre les questions que l'on peut faire sur une chose ou substance, & les réponses à ces questions. On peut demander d'un homme, s'il est grand ou petit; quel il est, s'il est savant ou ignorant; où il est, s'il est à Paris ou à Londres; quand est-ce qu'il a vécu, dans ce siecle ou dans un autre siecle; à qui on doit le rapporter, ou de qui il est fils (1); quelle est sa situation, s'il est assis, debout ou couché; ce qu'il fait, s'il étudie, ou s'il dort; ce qu'il souffre, s'il a chaud ou froid, soif ou appétit; comment il est mis,

____

(1) Le rapport qu'il y a entre deux choses, est une relation : tel est le rapport du fils au pere.

s'il est habillé de telle ou de telle maniere, quelle est son armure ? Ainsi, selon Aristote, *la substance, la quantité, la qualité, la relation, l'action, la passion, le lieu, le temps, la situation, l'habit, ou la maniere d'être mis,* sont comme dix classes auxquelles on peut rapporter toutes les questions qu'on peut faire sur une substance singuliere. Telles sont les fameuses Catégories d'Aristote, plus célebres chez les anciens Scholastiques que chez les modernes.

Porphire, Phénicien, réduit les Catégories à cinq, *le genre, l'espece, la différence, le propre & l'accident.* Nous avons dit ci-dessus ce que c'étoit que le genre, l'espece & la différence ; il nous reste à expliquer ce que c'est que le propre & l'accident. *Le propre*, dans le sens qu'on l'entend ici, est un attribut universel qui convient à une seule espece, & en tout temps : c'est ainsi qu'il convient, à l'espece de figure qu'on appelle triangle, d'avoir seulement trois angles. *L'accident* est ce qui peut se trouver ou manquer dans un sujet sans la destruction de ce sujet ; c'est ainsi que la rougeur se trouve sur le visage. Il y a des

Philosophes modernes qui rapportent toutes nos connoissances aux sept Catégories suivantes, *l'esprit*, *la matiere*, *la quantité*, *la figure*, *la position*, *le mouvement & le repos* ; mais, comme on le voit, tout cela n'aboutit pas à grand chose & ne nous rend pas fort habiles.

On appelle *universel*, ce qui est ou peut être commun à plusieurs choses. Dieu est une cause universelle de toutes les choses créées. Il y a des noms qui signifient plusieurs choses semblables dans différens individus ; ainsi le mot humanité signifie un attribut semblable dans Pierre, Cicéron, Socrate, Platon, &c. L'idée de l'humanité, c'est-à-dire de la nature humaine, représente donc quelque chose de semblable dans tous les hommes.

Les *Stoïciens*, ainsi appellés du Portique dans lequel *Zénon* leur maître enseignoit, assuroient qu'il n'y a d'autre universel que nos idées, & les Philosophes, qu'on appelle *Nominaux*, ne mettoient au rang des Universaux que les paroles. Les *Thomistes* (1) admettent des natures univer-

---

(1). Ce font les défenseurs de la Doctrine de S. Thomas.

felles, comme la nature humaine ; mais ils prétendent que cette nature humaine n'est universelle que mentalement, c'est-à-dire, par notre maniere de concevoir. Les Disciples du subtil *Scot* veulent, au contraire, que la nature humaine soit universelle réellement, & indépendamment des opérations de notre esprit.

PROPOSITION. *On doit rejeter le sentiment des Scotistes, mais on peut admettre celui des Thomistes.* 1°. Il est visible que la nature humaine de Socrate est Socrate lui-même, & que la nature humaine de Cicéron est Cicéron lui-même; car il n'existe dans la nature que des individus, & non aucun être général; la nature humaine est donc quelque chose de semblable, & non une même chose dans les différens hommes. Ainsi le systême des Scotistes est insoutenable. 2°. La nature humaine est quelque chose tellement semblable dans les différens hommes, que rien n'empêche de la considérer comme la même dans différens individus; ainsi l'on peut admettre des natures universelles dans le sens des Thomistes.

On pourra dire contre cette proposition,

1°. que la nature humaine eſt ſinguliere, &
non la même dans chaque individu, &
qu'ainſi elle n'eſt pas univerſelle. 2°. Que
tous les cercles étant ronds, la nature du
cercle, c'eſt-à-dire la rondeur, eſt une
choſe qui eſt la même dans tous les cercles,
indépendamment de notre façon de concevoir ; & que d'ailleurs, un grand cercle
étant différent d'un petit, cette nature eſt
réellement différente dans les différens cercles, & qu'ainſi l'on doit admettre l'opinion des Scotiſtes.

La nature humaine n'eſt pas réellement
la même dans Socrate & Platon, mais elle
eſt la même *logiquement* ; c'eſt-à-dire, qu'il
y a une unité de ſimilitude qui fait que mon
eſprit peut conſidérer la nature humaine de
Platon & celle de Socrate, comme étant
la même, de la même maniere que je puis,
dans deux cercles différens, conſidérer la
rondeur comme une ſeule & même choſe
commune à ces cercles.

Quant à la ſeconde objection, il eſt facile
de la réſoudre. En effet, la rondeur d'un
cercle n'eſt pas la même réellement que
celle d'un autre cercle ; car la rondeur d'un

petit cercle eſt un attribut qui appartient à ce cercle, & la rondeur d'un grand cercle eſt quelque choſe qui appartient au grand cercle; & comme un grand cercle n'eſt pas un petit cercle, la rondeur du grand n'eſt pas non plus la rondeur du petit.

Les *grades* ou *degrés métaphyſiques* ne ſont autre-choſe que des attributs qui appartiennent à l'eſſence ou à la nature de chaque choſe, ſoit qu'on deſcende depuis le genre ſuprême juſqu'à l'individu, ou qu'on monte de l'individu juſqu'au ſuprême genre, & cela par le moyen des genres intermédiaires. Ainſi *ſubſtance*, *corps*, *vivant*, *animal*, *homme*, ſont comme des degrés par le moyen deſquels on peut deſcendre juſqu'à Socrate. Dans Dieu, la juſtice, la miſéricorde, la ſpiritualité ſont des attributs que nous appellerons auſſi degrés métaphyſiques. Les Scotiſtes prétendent qu'il y a une diſtinction qu'ils appellent formelle, indépendamment des opérations de notre eſprit entre les degrés ou grades métaphyſiques.

PROPOSITION. *On doit rejeter la diſtinction formelle des Scotiſtes, mais on peut admettre une distinction mentale ou logique entre plusieurs degrés métaphysiques.* La distinction formelle est une distinction moyenne entre la réelle, qui se trouve entre des choses différentes & la distinction mentale. Or une telle distinction n'est pas recevable : car dans Socrate, substance & vivant sont la même chose, & non des formalités différentes ; ainsi vivant & substance, dans un même individu, ne sont pas des choses distinctes indépendamment de notre maniere de concevoir. 2°. Nous pouvons considérer dans Dieu plusieurs attributs les uns sans les autres, sa spiritualité, par exemple, sans faire attention à sa justice ; quoique la spiritualité de Dieu soit Dieu lui-même, & que la justice de Dieu ne soit autre chose que Dieu lui-même. Ainsi on doit admettre une distinction mentale ou logique entre ces grades métaphysiques. Mais l'humanité, qui renferme la *rationabilité* & *l'animalité*, ne sauroit être conçue sans la rationabilité & l'animalité. Ainsi la véritable distinction logique (1) ou mentale qui se fait dans

____

(1) L'humanité, la rationabilité, l'animalité sont des

notre efprit, avec un fondement dans la chofe qu'on diftingue , ne doit pas être admife pour tous les grades métaphyfiques.

On appelle *idée abftraite*, celle par laquelle nous nous repréfentons une propriété d'une chofe fans faire attention au fujet auquel elle appartient. Ainfi le mot humanité défigne une idée abftraite qui repréfente la nature humaine fans repréfenter le fujet fans lequel l'humanité ne peut exifter dans la nature : car la nature humaine ne peut exifter que dans un homme déterminé de telle grandeur, par exemple, de cinq pieds. Les idées qui repréfentent les genres, les accidens, les degrés métaphy-fiques, peuvent être encore appellées abf-traites.

Mais j'entends déjà la clameur des partifans de Scot : vous déraifonnez, s'é-crient-ils tous à la fois, (car, quand il s'agit de la caufe commune, qui voudroit être le dernier à parler ?) la juftice & la mifé-ricorde en Dieu font des formalités diffé-rentes avant même toute opération de notre

---

degrés métaphyfiques ; du moins nous les regardons comme tels.

esprit ; parce qu'autrement Dieu puniroit par la miséricorde, & feroit grace par la justice, ce qui est absurde. D'ailleurs, ajoutent-ils, nous concevons la miséricorde & la justice divine par des idées différentes. Ce sont donc des formalités réellement différentes, puisque les mêmes choses ne sauroient être conçues que par les mêmes idées.

Il est facile de répondre à ce raisonnement. En premier lieu, dans le sens réel & physique la miséricorde de Dieu est Dieu faisant grace, & la justice de Dieu est Dieu lui-même punissant le pécheur ; mais Dieu n'est pas distingué réellement de lui-même ; ainsi, dans le sens physique, la justice & la miséricorde de Dieu sont une seule & même chose ; mais, dans le sens métaphysique qui a rapport aux choses considérées non elles-mêmes, mais par rapport à la maniere dont nos connoissances nous les représentent par des idées abstraites, la miséricorde & la justice de Dieu sont différentes, parce que je puis considérer sa justice, par abstraction, ne faisant pas attention à sa miséricorde : or l'abstraction n'est pas mensonge. Quoi-

que l'idée abſtraite de la juſtice ne repréſente pas la miſéricorde, cela n'empêche
pas que la miſéricorde dans Dieu & la juſtice, ne ſoient réellement une ſeule &
même choſe, c'eſt-à-dire, Dieu lui-même,
Être très-ſimple.

En ſecond lieu, quoique l'idée abſtraite
de la juſtice de Dieu ne ſoit pas la même
que l'idée abſtraite de ſa miſéricorde, cependant l'idée de la juſtice de Dieu n'exclut pas la miſéricorde. Comme Dieu punit
& qu'il fait grace, nous appellons miſéricorde cette qualité par laquelle nous concevons que Dieu fait grace, en appellant
juſtice la propriété par laquelle Dieu punit; ainſi, quoique dans le ſens phyſique
Dieu puniſſant & Dieu faiſant grace ſoit
le même Dieu & la même choſe, cependant, dans le ſens métaphyſique, Dieu
punira par la juſtice, & fera grace par la
miſéricorde. Le ſens métaphyſique conſidere donc la juſtice ſans la miſéricorde,
mais ne ſépare pas l'une de l'autre.

Mais, nous dira-t-on, dans ce cas on
peut donc connoître & ne pas connoître
en même temps une même choſe. Il eſt

vrai que, fous différens rapports, on peut connoître & ne pas connoître une même chofe. En confidérant Dieu, par exemple, comme faifant grace, je ne le connois pas comme exerçant la juftice, quoique ce foit le même Dieu. Ainfi, fous différens fens métaphyfiques, on peut connoître & ne pas connoître une même chofe; mais cela eft impoffible, s'il eft queftion du même fens métaphyfique. De forte que quand je confidere Dieu comme faifant grace, il n'eft pas poffible que je ne connoiffe fa miféricorde; & alors on ne peut pas dire que je connois & qu'en même temps je ne connois pas la miféricorde divine.

CHAPITRE VI.

Des Signes & de la Voix.

LE *signe* en général est ce qui nous fait connoître une autre chose présente, future ou passée. Dans le premier cas, on l'appelle *démonstratif*; ainsi le geste, la voix & la couleur du visage d'un homme font connoître qu'il est en colere. Dans le second cas, on l'appelle *pronostic*; tels sont certains symptômes qui annoncent la mort prochaine d'un malade. Dans le troisieme cas, on l'appelle *rémémoratif*; c'est ainsi qu'un morceau de papier qu'on met quelquefois exprès (dans quelques pays) sur la manche nous fait rappeller de quelque chose.

Le signe est *naturel* ou *artificiel*. Le *signe naturel* est celui qui a une connexion naturelle avec la chose signifiée; c'est ainsi que le ris est le signe de la joie, & la respiration le signe de la vie. Le *signe artificiel* est celui qui n'a de connexion avec la chose signifiée que par l'institution des hommes;

c’eſt ainſi que dans certains pays une bran-
che d’arbre eſt le ſigne du vin à vendre.

La *voix* eſt un ſon articulé prononcé par
l’homme pour exprimer ſes penſées. On
l’appelle articulé, parce qu’il eſt comme
ſéparé en articles par les ſyllabes, ce que
n’ont pas les ſons que rendent certains animaux, comme les taureaux. Nous ajoutons,
pour exprimer les penſées, ce qui diſtingue la voix de l’écho & des ſons que rendent les perroquets auxquels, ſelon toute
apparence, ils ne joignent aucune idée (1).
Les mots ſont des ſignes arbitraires, ſoit
de nos penſées, ſoit des choſes mêmes :
car c’eſt par l’inſtitution des hommes que
certains mots ſignifient certaines choſes &
qu’on s’en ſert pour manifeſter telle ou telle
penſée. Ainſi le mot *Dieu* en françois ſignifie l’Être ſuprême ; mais le même Être ſuprême eſt déſigné en latin par le mot *Deus*,
en Allemand par le mot *Got*, chez les
Polonois par le mot *Bog*.

---

(1) Si cependant les perroquets avoient des idées correſ-
pondantes aux ſons articulés qu’ils prononcent, dans ce
cas, on pourroit dire qu’ils ont de la voix.

Pluſieurs

Plusieurs paroles, par la suite des temps, ont reçu une signification accessoire qui les rendent impudentes ou obscenes; ainsi quand on dit à quelqu'un, vous mentez, cela signifie dans l'origine, vous parlez autrement que vous ne pensez. Mais maintenant ce terme renferme une affectation de mépris : de même plusieurs mots, outre la chose qu'ils signifient originairement, marquent maintenant l'impudence & les affections vicieuses de celui qui les prononce.

Les Stoïciens ne veulent pas qu'il y ait des paroles obscenes; car disent-ils, l'obscénité n'est ni dans les choses qui, quoiqu'honteuses, peuvent être exprimées sans turpitude par d'autres termes, ni dans les paroles qui sont des signes arbitraires. On peut leur répondre que l'obscénité ne vient pas des choses mêmes qu'on peut toujours exprimer d'une maniere honnête, ni des paroles qui, par elles-mêmes, ne signifient pas plutôt une chose honnête qu'une chose déshonnête, mais des affections dépravées qu'elles manifestent (par l'usage) dans celui qui parle ; quoiqu'il puisse arriver quelquefois que celui qui se sert de tels termes n'y entende pas malice. C

SECONDE PARTIE
DE LA LOGIQUE.

CHAPITRE PREMIER.

De la nature du Jugement.

LE jugement eſt un acte de l'eſprit par lequel nous affirmons ou nous nions une choſe d'une autre. La propoſition n'eſt autre choſe que le jugement exprimé par des paroles. Ainſi, ſi je dis que Dieu eſt bon, j'affirme de Dieu qu'il eſt bon ; & cette propoſition, Dieu eſt bon, n'eſt autre choſe que l'expreſſion de mon jugement. Puiſque dans le jugement on compare deux notions, deux connoiſſances ; l'ame peut donc avoir pluſieurs connoiſſances à la fois ; ſans cela comment pourroit-elle les comparer ?

PROPOSITION. *Le jugement eſt un acte ſimple de l'eſprit.* En effet, cet acte conſiſte dans l'union ou dans la ſéparation des idées (1); or une telle union ou une telle séparation est quelque chose d'indivisible & de simple. Car quand je dis Dieu est bon, j'unis l'idée de Dieu avec celle de bonté, par un acte simple qui n'est pas composé des idées que j'unis ensemble; de sorte que le jugement renferme seulement l'affirmation ou la négation; ainsi le jugement est quelque chose de simple.

Il y a cette différence entre la proposition & le jugement, que la proposition est un discours qui renferme le *sujet*, le *prédicat* & ce qu'on appelle la *copule*. Par exemple, cette proposition, Dieu est bon, renferme le sujet *Dieu*, le prédicat *bon*, & la copule *est*, qui marque l'union entre l'attribut & le sujet. Ainsi la proposition contient plusieurs parties. Mais le jugement tel qu'il est dans l'esprit, consiste dans l'affirmation ou la négation; c'est donc un acte simple qui unit ou sépare les idées, qui ne font pas la matiere composante du ju-

____

(1) Si je dis la joie que je sens est grande, mon jugement se rapportera à une sensation ; le jugement s'exerce donc aussi sur les sensations.

gement, mais qu'on peut regarder comme la matiere fur laquelle le jugement s'exerce.

Voici une objection fameufe chez les Scholaftiques : chaque chofe, dit-on, eft compofée de fa matiere ; le jugement eft donc compofé des idées qu'il unit ou qu'il fépare. Il n'eft donc pas une chofe fimple.

Si on entend dire par-là que chaque chofe eft ce qu'elle eft, dans ce fens le jugement a une matiere qui n'eft pas diftinguée de lui-même & qui n'eft que l'acte fimple de l'efprit qui unit ou fépare les idées. Si on veut dire que chaque chofe eft compofée de parties matérielles comme les corps, ou de parties même non matérielles, cela eft faux, comme il eft évident. Mais dans les Ecoles on fait fouvent des objections abfurdes, & celle que nous venons de rapporter n'eft pas des moins célebres.

CHAPITRE II.

A quelle faculté appartient le Jugement.

Cette queſtion eſt célebre dans les Ecoles. Les anciens Philoſophes ont penſé que le jugement étoit un acte de l'entendement ou de l'intellect, & une eſpece de connoiſſance. Pluſieurs modernes penſent de même, parce que, ſelon ces derniers, la même faculté de l'ame qui connoît la vérité, doit prononcer ſur ce qni eſt vrai ou faux, & par conſéquent juger. Pluſieurs autres Philoſophes faiſant réflexion que le jugement eſt toujours volontaire, (c'eſt-à-dire, n'eſt jamais forcé ou ne ſe fait jamais malgré la volonté, quoiqu'on ne puiſſe ſouvent pas s'empêcher de porter un tel jugement) & très-ſouvent libre, puiſque nous pouvons ſouvent ſuſpendre le jugement, & même nous empêcher de le porter, aſſurent que le jugement appartient à la volonté qui eſt active, & non à l'intellect, qui, ſelon eux, eſt une puiſ-

fance paffive de l'ame. Mais ne peut-on
pas dire qu'ils font tous dans l'erreur, &
que le jugement n'appartient ni à l'intellect,
qui ne peut que voir la convenance ou
difconvenance des idées, ni à la volonté
qui n'eft fufceptible que de defir, de haine,
d'amour & de commandement ? Comme la
faculté de fentir du plaifir & de la douleur eft métaphyfiquement différente de la
faculté de vouloir & de connoître ; de
même la faculté de juger , que nous appellerons *faculté judiciaire*, eft différente,
dans le fens métaphyfique, de toute autre
faculté de l'ame. Ainfi nous penfons qu'on
doit rapporter le jugement à la faculté judiciaire, & non à d'autre.

CHAPITRE III.

Des motifs de nos Jugemens.

UN jugement *certain*, est celui de la vérité duquel l'ame est assurée; tel est celui-ci : le tout est plus grand que sa partie. Le jugement *incertain* est celui de la vérité duquel on n'est pas assuré ; tel est celui-ci : il y a des habitans dans les planetes. Les *motifs* du jugement sont les raisons pour lesquelles nous le portons.

Il y a trois especes de certitudes, *la métaphysique, la physique & la morale*. La certitude métaphysique est celle qui est fondée sur la nature des choses ; de maniere qu'il n'est pas possible, dans aucune supposition, qu'elle nous trompe. Telle est la certitude de cette proposition, les trois angles d'un triangle rectiligne valent deux angles droits. La certitude physique est fondée sur les loix ordinaires de la nature ; c'est ainsi que je suis sûr que le soleil se levera demain ; quoiqu'absolument parlant,

Dieu puisse empêcher, par miracle, que cela n'arrive. La certitude morale est celle qui est fondée sur la façon ordinaire d'agir des hommes : c'est ainsi que je suis sûr qu'un avare à qui on aura offert un don de cent mille écus ne le refusera pas ; quoiqu'absolument parlant cela puisse arriver.

Un jugement *probable* est celui qui est appuyé sur un motif probable ; c'est-à-dire, sur un motif qui peut induire en erreur dans certains cas. Il est plus ou moins probable, selon que le nombre des cas de vérité sera plus ou moins grand par rapport au cas d'erreur.

C'est une question fort agitée parmi les Scholastiques, de savoir si l'ame peut croire une vérité par un motif évident, & en même temps par un motif inévident. Si Dieu révéloit à un homme que les trois angles d'un triangle valent deux angles droits, l'autorité de Dieu suffiroit pour le lui faire croire : si ensuite cet homme, en étudiant les Mathématiques, parvenoit à comprendre la démonstration que les Géometres donnent de cette vérité, il croiroit la même chose par un motif évident, &

il pourroit dire en lui-même : je crois que les trois angles d'un triangle valent deux angles droits, parce que je vois clairement que cela eſt ainſi ; & je le crois encore, parce que Dieu, qui ne peut me tromper, me l'a dit. D'où l'on peut conclure que la foi & la ſcience peuvent en même temps déterminer l'ame à croire une vérité.

Si, de plus, un homme véridique diſoit au même homme, je vous aſſure que les trois angles d'un triangle valent deux angles droits ; il penſeroit qu'il eſt probable, en faiſant attention à l'autorité de cet homme, que cela eſt ainſi : donc il pourroit porter ces trois jugemens. 1°. Je crois que les trois angles d'un triangle valent deux angles droits, par un motif de foi fondé ſur la parole de Dieu ; 2°. je le crois, parce que cela eſt évident ; 3°. je penſe qu'il eſt très-probable que cela eſt, parce que M..... qui eſt un fort honnête homme, me l'aſſure. Ainſi, la foi, la ſcience & l'opinion, touchant le même objet, peuvent, par différens motifs, ſe trouver dans le même homme.

CHAPITRE IV.

De la maniere d'estimer la probabilité des Jugemens.

ON peut considérer la certitude comme un tout, dont les parties sont les degrés de probabilité, qu'on détermine par la relation qu'ont ces parties avec la certitude entiere (1). Soient dans une bourse cinq petits globes également gros, deux noirs & trois blancs, on demande la probabilité de ce Jugement ou de cette proposition : le premier globe qu'on tirera sera noir. Cette probabilité est à la certitude comme le nombre des globes noirs est au nombre total des globes ; c'est-à-dire, comme deux à cinq. La probabilité est $\frac{2}{5}$, la certitude étant 1 ou $\frac{5}{5}$. La probabilité de cette proposition : le premier globe qu'on tirera, sera blanc, est à la certitude comme 3 à 5, & elle sera exprimée par $\frac{3}{5}$. Ainsi la premiere probabilité est à la se-

---

(1) Ceux qui ignorent la théorie des proportions, théorie qu'on trouve dans tous les Elémens de Mathématiques, peuvent se dispenser de lire ce Chapitre.

conde comme 2 eſt à 3 : car il y a cinq cas poſſibles, deſquels un ſeul doit avoir lieu ; & de ces cinq cas il y en a deux de poſſibles pour le globe noir, & trois pour le blanc.

Pour trouver la probabilité d'un événement, il faut avoir égard au nombre des cas qui peuvent arriver avec la même facilité, & parmi leſquels ſe trouve l'événement en queſtion. Le nombre total des cas ſera regardé comme la certitude ; & le nombre qui exprime l'événement dont il s'agit, ſera la probabilité cherchée. Si, par exemple, on met ſix billets, dont chacun renferme un nom particulier dans un chapeau, quelle ſera la probabilité que le premier nom qu'on tirera ſera celui de Pierre ? Puiſqu'il y a ſix noms, il eſt viſible que la probabilité eſt à la certitude comme 1 eſt à 6.

On demande la probabilité d'amener le nombre 7 dans le premier coup avec deux dés. Dans chaque dé, il y a ſix faces ; & comme on peut combiner chaque face d'un dé avec les ſix faces de l'autre, il eſt viſible qu'il y a trente-ſix cas également poſſibles pour le premier coup. Ces trente-ſix cas ſont repréſentés dans la table ſuivante.

C vj

$$2. \quad 3. \quad 4. \quad 5. \quad 6. \quad 7.$$
$$3. \quad 4. \quad 5. \quad 6. \quad 7. \quad 8.$$
$$4. \quad 5. \quad 6. \quad 7. \quad 8. \quad 9.$$
$$5. \quad 6. \quad 7. \quad 8. \quad 9. \quad 10.$$
$$6. \quad 7. \quad 8. \quad 9. \quad 10. \quad 11.$$
$$7. \quad 8. \quad 9. \quad 10. \quad 11. \quad 12.$$

Dans la premiere colonne verticale, on a combiné toutes les faces d'un des dés avec la face qui ne contient que le nombre 1 dans l'autre dé. Dans la seconde colonne, on a combiné toutes les faces du premier dé avec la face du second, qui contient deux points & ainsi de suite. Par cette table, il paroît que sur trente-six cas également possibles, le cas du nombre 7 s'y trouve six fois : donc la probabilité cherchée est à la certitude comme 6 à 36, ou comme 1 à 6. Si on demande la probabilité d'amener 8 du premier coup, la table fait voir que la probabilité cherchée est à la certitude comme 5 à 36. S'il s'agit d'amener 9 du premier coup, la probabilité sera à la certitude comme 4 à 36, ou comme 1 à 9.

Si l'on veut avoir la probabilité composée, ainsi appellée, parce qu'il faut consi-

dérer en même temps plusieurs probabilités,
on ajoutera ensemble les probabilités particulieres, leur somme comparée à la certitude
fera connoître ce que l'on cherche. On
demande, par exemple, la probabilité d'a-
mener avec deux dés, dans le premier coup,
8 ou 9 points. La probabilité d'amener 8
étant 5, & la probabilité d'amener 9 étant 4,
la somme 9 sera la probabilité cherchée, 36
étant la certitude. Si l'on demande la probabilité qu'il y a d'amener dans le premier
coup, toujours avec deux dés, ou 7, ou 8,
ou 9, on trouvera que la somme 15 des
probabilités, 6, 5 & 4 donnera la probabilité cherchée.

Quoique la probabilité ne puisse jamais
égaler la certitude, cependant elle peut
être si grande, qu'elle peut, pour ainsi dire,
passer pour certitude. Par exemple, Pierre
cherche Paul, caché dans Paris; il entre
dans Paris, & va droit à la maison où est
caché Paul, qui dira que Pierre ne savoit
pas l'endroit où Paul étoit caché ? Il n'y a
là cependant qu'une grande probabilité, &
le contraire a quelque probabilité véritablement fort petite.

On appelle *vraisemblance* une probabilité qui surpasse la moitié de la certitude, la moitié de la certitude forme le *doute* proprement dit. Si la probabilité est moindre que la *demi-certitude*, on a l'*incertitude*.

On peut se servir du calcul des probabilités, dans des choses de grande importance. Il y a, par exemple, des personnes qui craignent extrêmement le tonnerre : mais, c'est beaucoup, si sur dix millions d'hommes il en périt un par la foudre. Ainsi, la probabilité que Pierre périra d'un coup de foudre, est à la certitude, tout au plus, comme un est à dix millions : ce qui fait voir que le péril de mourir d'un coup de foudre n'est pas fort grand, & que c'est un genre de mort très-rare & très-peu à craindre.

Supposons que, par des observations exactes, on se soit assuré que sur mille vaisseaux qui font le voyage de l'Amérique, il en périt dix, on demande la probabilité que le vaisseau sur lequel s'est embarqué Pierre, fera naufrage en allant ou en revenant de l'Amérique. Il est visible que la probabilité cherchée est à la certitude comme dix à mille, ou comme un à cent. Cela peut fervir à ceux qui font une efpece de commerce d'affurer les vaiffeaux, foit en temps de guerre, foit en temps de paix : car on peut, en temps de guerre, eftimer la probabilité, eu égard aux naufrages & au danger qu'il y a de tomber entre les mains des ennemis.

On peut employer la même méthode pour déterminer la longueur de la vie humaine, lorfqu'il s'agit de prendre de l'argent en rente viagere. La Table fuivante pourra être de quelque utilité pour cela.

TABLE des Probabilités de la durée de la vie humaine.

Age actuel.	Durée de la vie.		Age actuel.	Durée de la vie.	
ans.	ans.	mois.	ans.	ans.	mois.
0.	8.	0.	21.	32.	11.
1.	33.	0.	22.	32.	4.
2.	38.	0.	23.	31.	10.
3.	40.	0.	24.	31.	3.
4.	41.	0.	25.	30.	9.
5.	41.	6.	26.	30.	2.
6.	42.	0.	27.	29.	7.
7.	42.	3.	28.	29.	0.
8.	41.	6.	29.	28.	6.
9.	40.	10.	30.	28.	0.
10.	40.	2.	31.	27.	6.
11.	39.	6.	32.	26.	11.
12.	38.	9.	33.	26.	3.
13.	38.	1.	34.	25.	7.
14.	37.	5.	35.	25.	0.
15.	36.	9.	36.	24.	5.
16.	36.	0.	37.	23.	10.
17.	35.	4.	38.	23.	3.
18.	34.	8.	39.	22.	8.
19.	34.	0.	40.	22.	1.
20.	33.	5.	41.	21.	6.

Age actuel.	Durée de la vie.		Age actuel.	Durée de la vie.	
ans.	ans.	mois.	ans.	ans.	mois.
42.	20.	11.	64.	9.	0.
43.	20.	4.	65.	8.	6.
44.	19.	9.	66.	8.	0.
45.	19.	3.	67.	7.	6.
46.	18.	9.	68.	7.	0.
47.	18.	2.	69.	6.	7.
48.	17.	8.	70.	6.	2.
49.	17.	2.	71.	5.	8.
50.	16.	7.	72.	5.	4.
51.	16.	0.	73.	5.	0.
52.	15.	6.	74.	4.	9.
53.	15.	0.	75.	4.	6.
54.	14.	6.	76.	4.	3.
55.	14.	0.	77.	4.	1.
56.	13.	5.	78.	3.	11.
57.	12.	10.	79.	3.	9.
58.	12.	3.	80.	3.	7.
59.	11.	8.	81.	3.	5.
60.	11.	1.	82.	3.	3.
61.	10.	6.	83.	3.	2.
62.	10.	0.	84.	3.	1.
63.	9.	6.	85.	2.	0.

Cette Table que j'ai tirée de l'Histoire Naturelle de M. de Buffon (1), doit s'entendre de maniere, que, la certitude étant exprimée par deux, la probabilité qu'il y a qu'un homme dont le nombre des années est exprimé dans une des colonnes de l'âge actuel, vivra le nombre des années & mois qui font vis-à-vis, dans la colonne de la durée de la vie, doit être exprimée par le nombre un. Ainsi, il y a autant de probabilité qu'un enfant qui vient de naître, ou qui a zéro d'âge, vivra huit ans, qu'il y en a qu'il n'atteindra pas cet âge ; & l'on peut raisonnablement espérer qu'un homme de 85 ans vivra encore trois ans ; de maniere que celui qui pariroit un contre un qu'un homme âgé de 85 ans (nous suppofons qu'il ne foit pas actuellement malade) vivra encore trois ans , rifqueroit autant de gagner que de perdre.

La Table fuivante que j'ai tirée d'un Mémoire de M. Daniel Bernouilli, dans le tome XII des nouveaux Mémoires de Pé-

____

(1) Hiftoire Naturelle, édition in-12. de 1769. Nous avons feulement employé le caractere o au lieu de *II* qui a la même fignification dans la Table de M. de Buffon.

terſbourg, indique la durée moyenne des mariages, lorſque les deux époux ont le même nombre d'années. Ainſi, ſi les deux époux ont chacun 20 ans, il y a autant de probabilité qu'ils vivront enſemble 23 ans & 10 mois, qu'il y en a que cela n'arrivera pas. Au contraire, il y a plus d'apparence qu'un des deux mourra avant 24 ans, qu'il n'y en a que tous les deux ſeront alors en vie. Si les deux époux ont chacun 80 ans, il y a autant d'apparence qu'ils vivront enſemble pendant 3 ans, qu'il y en a que l'un des deux mourra avant les trois ans accomplis. Il peut ſe faire néanmoins que les deux tables dont on vient de parler, donnent des réſultats trop grands ou trop petits dans différens pays ; mais, s'il s'agit de la France, de l'Allemagne, de la Ruſſie, de la Pologne, de l'Eſpagne, & peut-être de toute l'Europe, je penſe que l'erreur ſera peu conſidérable, & qu'on peut s'en ſervir avec aſſez de confiance.

T A B L E de la durée moyenne des Mariages.

Années de chaque Epoux.	Durée moyenne des Mariages.	
	ans.	mois.
20.	23.	10.
25.	21.	3.
30.	18.	10.
35.	16.	8.
40.	14.	9.
45.	12.	10.
50.	11.	1.
55.	9.	9.
60.	8.	1.
65.	6.	2.
70.	4.	6.
75.	3.	4.
80.	3.	0.

CHAPITRE V.

De la certitude de l'existence des corps.

IL y a eu des Philosophes qui ont nié l'existence de tous les corps. On les appelle *Idéalistes*, parce qu'ils n'admettent que les idées des choses matérielles. Les *Egoïstes* prétendent que rien n'existe, excepté leur ame. Dans les songes, il nous semble voir des choses qui n'existent pas réellement. Les frenétiques & les visionnaires voient aussi des corps qui n'existent point ; ainsi l'on ne peut douter que le témoignage des sens ne puisse nous tromper. Cependant nous avons un tel penchant à croire l'existence des corps, que nous ne pouvons pas nous empêcher de juger qu'il y a des corps dans le monde ; & il paroît qu'on n'a jamais soutenu le contraire que pour se distinguer du commun & se rendre célebre.

Quand je vois la lune, je ne puis pas douter de son existence ; & si je me trompois, je n'aurois aucun moyen de découvrir mon

erreur. Si les hommes fe trompoient en jugeant que les corps qu'ils voient exiftent,
Dieu qui les a créés avec un penchant invincible à croire l'exiftence des corps, feroit
cenfé l'auteur de leur erreur, ce qu'on ne
fauroit admettre ; donc l'exiftence des corps
en général eft certaine.

On pourra me dire 1°. que certaines qualités des corps, comme la couleur, la chaleur,
n'exiftent pas réellement dans les corps,
quoiqu'on foit porté à juger que ces corps
font rouges & chauds ; & qu'il peut de
même arriver que les corps n'exiftent pas,
quoique nous foyons portés à juger qu'ils
exiftent ; 2°. que par le moyen d'un miroir
concave, on peut faire paroître en l'air, &
devant le miroir, un corps qui n'eft pas au
lieu où on le voit ; 3°. que pendant les fonges & dans certaines maladies, on peut voir
des objets qui n'exiftent pas.

Je répondrai à la premiere objection, qu'il
eft vrai que la chaleur & la couleur n'exiftent
pas dans le corps. Si je mets une main bien
froide dans l'eau un peu tiede, je la trouve
chaude ; mais en mettant l'autre main bien
chaude dans la même eau , je la trouve

froide : cependant la même eau ne peut pas être froide & chaude en même temps ; la chaleur n'existe donc pas dans l'eau ? De même un objet qui me paroîtra blanc, pourra paroître jaune à un homme qui aura une certaine maladie ; de sorte que la chaleur & les couleurs sont des affections de notre ame & des sensations que nous rapportons aux corps externes, afin que nous puissions veiller à la conservation de notre corps. Sans cela, nous laisserions brûler notre main & nos pieds sans pouvoir éviter le danger, au lieu qu'en rapportant la chaleur à un corps brûlant qui est devant nous, nous sommes avertis de nous éloigner.

Lors donc que les hommes s'imaginent que le feu est chaud en lui-même, ils se trompent ; mais leur erreur n'est pas invincible, au lieu que, s'ils se trompoient en croyant l'existence des corps, l'erreur seroit invincible & devroit être attribuée à l'Auteur de la nature.

Quant à la seconde objection, je dis qu'il est facile de découvrir l'erreur, soit en ôtant le miroir, soit par quelqu'autre moyen. L'erreur n'est pas non plus invincible dans la troisieme objection, puisque, quand on veille ou que la santé est de retour, on reconnoît facilement l'erreur dans laquelle on étoit auparavant. Tout au plus l'erreur sera invincible pendant un certain temps, mais ne le sera pas pendant toute la vie; aussi nous ne disons pas que dans chaque cas l'existence d'un corps particulier, qui nous paroît exister, soit toujours certaine, nous voulons dire seulement que l'existence des corps en général est certaine, & en particulier l'existence de notre propre corps, & que dans les cas particuliers, l'homme a ordinairement des moyens, ou par ses réflexions, ou par le secours des autres hommes, de reconnoître la vérité (1).

Mais pourquoi un corps brûlant nous paroît-il chaud ? Pourquoi un corps paroît-il d'une certaine couleur ? Cela vient de ce

---

(1) Les accidens eucharistiques paroissent consister en ce que Dieu produit dans notre ame les mêmes sensations qu'il produisoit avant la consécration ; ainsi le pain & le vin consacrés, & changés ensuite au Corps & au Sang de Jesus-Christ, ont, par rapport à nous, les mêmes propriétés que le pain & le vin dans l'état naturel.

qu'il

qu'il agit sur les organes de notre corps par le moyen du feu, c'est-à-dire, d'une matiere fort subtile, qui, partant de ce corps, vient agiter nos nerfs de maniere qu'il en résulte dans le cerveau un certain ébranlement, qui détermine Dieu à produire dans l'ame une sensation à laquelle nous donnons le nom de chaleur ou de feu, & que nous rapportons au corps que nous appellons chaud. Un objet nous paroît d'une certaine couleur, rouge, par exemple, parce que ce corps envoie à nos yeux des corpuscules de lumiere, qui sont la cause d'un ébranlement du cerveau, auquel Dieu a attaché la sensation du rouge que nous attribuons à l'objet qui est devant nos yeux, quoiqu'il n'y ait rien de semblable dans cet objet.

On me demandera, peut-être pourquoi l'idée du soleil ne me représente pas le soleil, comme existant devant moi, pendant la nuit, lorsque je veille, tandis que cette même idée peut me le faire voir si je songe; pourquoi l'idée d'un objet que nous voyons nous fait-elle croire que cet objet existe devant nos yeux, tandis que l'idée de cet objet ne nous le repréſente pas de même, lorſque cet objet n'exiſte pas devant nous ?

Si quelqu'un va donner de la tête contre un mur pendant la nuit, il voit une flamme devant ſes yeux, cela me paroît venir de ce qu'il ſe produit alors dans ſon cerveau le même ébranlement, qui auroit eu lieu ſi cet homme étant immobile, avoit eu devant ſes yeux une flamme réelle. Si donc, pendant le ſommeil, le fluide nerveux ébranle le cerveau de la même maniere qu'il le feroit pendant le jour en préſence d'un objet, on doit voir cet objet & croire qu'il exiſte devant nous. Dans le ſommeil, l'ébranlement peut être plus libre & plus diſtinct, parce que les parties du corps ſont plus tranquilles que pendant la veille, & l'ébranlement bien diſtinct & non interrompu peut être la cauſe occaſionnelle du jugement que nous portons ſur l'exiſtence des objets. Dans le délire, ou chez un homme viſionnaire, les fibres du cerveau reçoivent des ébranlemens conſidérables, ſoit qu'elles ſoient plus déliées, plus élaſtiques, ou que le fluide nerveux ſoit plus agité, ou que ces cauſes aient lieu en même temps; ainſi les viſionnaires, ceux qui ſont dans le délire, ceux à qui une maladie aura laiſſé dans le cerveau une certaine facilité à être ébranlé, pourront voir devant leurs yeux des choſes qui n'y ſeront pas (1).

Mais les ébranlemens ordinaires qui ſe produiſent dans le cerveau, lorſqu'un objet ne fait pas impreſſion ſur les ſens occaſionnent ſeulement une idée ordinaire, à laquelle Dieu n'a pas attaché la croyance, ou, ſi l'on veut, le jugement de l'exiſtence de l'objet, comme il l'a fait pour les idées qui ſont occaſionnées par les grands ébranlemens. De plus, ne paroît-il pas que les images que l'ame ſe repréſente, ou qui affectent l'ame dans les grands ébranlemens, ſont différentes des

---

(1) Un homme de 70 ans, (voyez Act. Phyſ. Med. Germ., vol. 2, obſ. 1, pag. 1.) peu exact dans ſon régime, ſe trouva tout-à-coup ſaiſi d'un mal de tête, ſur-tout du côté gauche; trois jours après il vit les objets doubles. Un Bucheron (voyez le Journal de Coppenhague, vol. 3, pag. 63.) appercevoit, dans un air clair & ſerein, les objets doubles, toutes les fois qu'il fumoit du tabac. Une Dame, ſujette aux aigreurs, croyoit voir une fumée ou brouillard, qui ſubſiſtoit autant que les aigreurs duroient. (Voyez la Traduction du Traité des Vapeurs de M. W H Y.)

idées qui les accompagnent, & que ce sont
ces images vives qui déterminent l'ame à
juger que les corps existent, parce que nous
avons manié & touché plusieurs corps après
avoir éprouvé ces sortes d'images que nous
appellons sensations ?

Il pourroit se faire aussi que par l'habitude nous nous fussions accoutumés à juger
que les objets dont les images que nous
appellons sensations affectent l'ame, ont
une existence présente que nous avons re-
connue par le toucher ou par d'autres sens.

Quoique nous ayons prouvé l'existence
des corps en supposant celle de Dieu que
nous démontrerons dans la Métaphysique,
en supposant l'existence des corps, nous
n'avons pas fait un raisonnement vicieux,
parce que nous démontrerons l'existence de
Dieu, indépendamment de celle des corps.

CHAPITRE VI.

Du Jugement qu'on doit porter sur le témoignage des hommes.

LE témoignage univerſel des hommes ne peut pas induire en erreur ſur un fait paſſé, autrement il faudroit que tant d'hommes, purement par malice & ſans aucun intérêt, ſe fuſſent accordés pour nous tromper, ce qui ne peut être ; & Dieu ne peut permettre une telle malice qui nous induiroit en une erreur inévitable. Nous ſommes certains qu'Alexandre, Darius, Céſar, Pompée, Henri IV ont exiſté, autrement les Hiſtoriens ſe ſeroient accordés pour nous tromper, ſans que perſonne eût réclamé & ſe fût inſcrit en faux, ce qu'un homme de bon ſens ne croira jamais.

Le témoignage d'un ſeul témoin oculaire, digne de foi, ne ſuffit pas pour ôter toute incertitude, quoiqu'il puiſſe produire une croyance ferme & raiſonnable ; car un témoin oculaire ſeul peut être trompé, 1°. par la nouveauté du fait qui ne lui eſt peut-être pas familier ; 2º. par des préjugés, par esprit de parti ou par quelque illusion des sens ; 3º. il peut se faire qu'un homme qu'on croit digne de foi soit réellement un imposteur : cependant ce témoignage peut obtenir une croyance ferme & raisonnable, si l'homme qui raconte le fait a toujours passé pour véridique, s'il n'a aucun intérêt à tromper, s'il a de l'intelligence & si le fait qu'il raconte est de nature à ne pas faire illusion à un homme capable d'une attention raisonnable.

L'union de plusieurs témoins augmente la crédibilité d'un fait, puisqu'il est plus difficile que plusieurs se trompent ou veuillent nous tromper, qu'il ne l'est qu'un seul se trompe ou veuille nous en imposer. Voici les regles qu'on peut suivre, quand il s'agit de juger des faits.

Premiere regle. On doit faire attention à l'esprit, au caractere, aux mœurs, à la condition du témoin ; on doit examiner quel motif il peut avoir en attestant un fait, si c'est la seule vérité qui le fait parler ou quelque passion, l'espérance d'une récompense, l'amour de la gloire, le desir de dominer, ſi les circonſtances du fait ne ſont pas contradictoires, ou ſi le fait renferme quelque choſe d'oppoſé à des vérités reconnues.

Seconde regle. On doit examiner les circonſtances du fait, s'il eſt manifeſte dans ſon origine, s'il a été tellement expoſé à la vue de ceux qui en rendent témoignage qu'il ne ſoit pas poſſible qu'ils aient été trompés, ſi ceux à qui il importoit que le fait fût faux, ont contredit ou conſenti ; ſi le fait eſt de telle importance qu'il ait été impoſſible de le ſuppoſer, ſi au témoignage des hommes ſont joints d'autres indices, comme le renverſement d'un Empire, l'établiſſement d'une Religion, &c.

Troiſieme regle. Un fait tranſmis par une ſeule ligne de tradition, eſt moins certain que s'il étoit tranſmis par pluſieurs lignes paralleles.

Quatrieme regle. Si un fait eſt obſcur dans ſon origine, ou ſi l'on peut ſoupçonner que l'Auteur qui le rapporte étoit un menteur, ou pouſſé par quelque mauvais motif, ſon témoignage eſt d'une foible autorité, & le nombre des témoins qui ſe ſont succédés pour rendre témoignage du fait, ne peuvent donner de la force à la déposition du premier.

Cinquieme regle. Un fait public dans son origine, qui s'est passé en présence des habitans d'un pays entier ou d'une ville, attesté par des témoins oculaires qu'on ne peut soupçonner ni de mensonge, ni de s'être laissé tromper ; ceux à qui il importoit de s'inscrire en faux ne contredisant pas, tandis qu'ils auroient pu facilement démontrer l'imposture, si d'ailleurs ce fait est attesté par des monumens publics, un tel fait, dis-je, est très-certain, & étant transmis jusqu'à nous, ne perd rien de sa certitude. En effet, si un fait devenoit d'autant moins certain, & perdoit quelques degrés de probabilité à proportion qu'il est plus éloigné de nous, il seroit aujourd'hui moins certain que Cicéron, César, Pompée ont existé, qu'il ne l'étoit il y a cinq cens ans. On doit donc rejeter le systême de Craig, dans les Transactions philosophiques. Selon le systême de ce Savant, un fait perd de sa certitude à proportion de la distance du temps, de maniere que si un

fait a eu trois mille six cens témoins oculaires en perdant un degré de certitude par
an , il ne sera plus croyable après trois
mille six cens ans, ce qui est absurde; car
il n'est pas moins certain maintenant qu'il
l'étoit il y a mille ans, que l'Empire des
Perses a été détruit par Alexandre. Quand
on aura lu notre Métaphysique , on pourra
aisément faire l'application de cette doctrine
à la Religion chrétienne.

CHAPITRE VII.
Des Propositions.

LA *Proposition* est le signe du jugement.
Dans chaque proposition , il y a trois choses :
le *sujet* , l'*attribut* , & la *copule* , ou le
verbe.

Dans cette proposition : *Dieu est bon.*,
Dieu , est le sujet; *bon* , est l'attribut ; & le
mot *est*, est le verbe. Le sujet est la chose de
laquelle on assure ou on nie une autre chose ,
qu'on appelle l'attribut ou le prédicat. Dans
la proposition précédente , la bonté est la
chose qu'on affirme de Dieu. Dans cette

propofition, *l'homme n'eft pas immortel :* *n'eft pas*, eft la copule ; *immortel*, l'attribut ; & *homme*, le fujet. Quelquefois la propofition ne contient que deux mots, comme celle-ci, Pierre étudie, qui équivaut à cette autre, Pierre eft étudiant : *étudiant*, eft l'attribut renfermé avec la copule dans le terme étudié.

La quantité de la propofition fe prend de l'extenfion du fujet. Elle eft *univerfelle, particuliere, indéfinie, finguliere.*

La premiere a un fujet univerfel, comme celle-ci : tout homme eft raifonnable. Le fujet de la feconde eft particulier , comme : quelque homme eft favant. La propofition finguliere a un fujet fingulier, comme celles-ci : Socrate eft Philofophe , cet homme eft prudent. La propofition indéfinie eft celle qui ne fixe pas la quantité ou extenfion du fujet, comme celles-ci : l'homme eft raifonnable, les jeunes gens font inconftans.

L'univerfalité métaphyfique , eft celle qui ne peut fouffrir aucune exception , comme celle-ci : tous les hommes ont une ame & un corps. *L'univerfalité phyfique* peut fouffrir, quoique rarement , quelque exception, lorſque les loix ordinaires de la nature ſont troublées, comme dans cette propoſition : tout homme naît avec deux mains ; car le contraire peut arriver même ſans miracle. L'*univerſalité morale* ſouffre beaucoup d'exceptions, comme dans cette propoſition : tous les jeunes gens ſont inconſtans, cela veut dire ſeulement que la plupart des jeunes gens ſont inconſtans.

Quelquefois l'étendue du ſujet eſt diminuée par quelque choſe de ſous-entendu, comme quand on dit d'un Maître d'école d'un village : cet homme enſeigne tous les enfans du village, cela veut dire qu'il enſeigne tous ceux du village qui ſont enſeignés, & non pas tous abſolument.

Lorſque l'attribut répugne avec le ſujet, ou qu'il convient néceſſairement avec le ſujet, on dit que la propoſition eſt en *matiere néceſſaire.*

Une propoſition indéfinie en matiere néceſſaire, eſt univerſelle : ainſi cette propoſition, l'homme a la faculté de raiſonner, eſt univerſelle ; car tous les hommes ſont néceſſairement raiſonnables. Lorſque la propoſition indéfinie eſt dans l'ordre phyſique,

D vj

elle est universelle physiquement, comme celle-ci: l'homme naît avec deux pieds; elle est au contraire universelle moralement, lorsqu'elle est dans l'ordre moral, comme cette proposition: les jeunes gens sont inconstans; mais si la proposition indéfinie annonce quelque fait, elle est particuliere, comme la suivante: les Français ont vaincu les Anglais à Fontenoi; cela veut dire, quelques Français ont vaincu les Anglais.

Lorsque le sujet d'une proposition est un terme collectif, comme celui-ci: l'Armée Françaife a vaincu les Anglais, on regarde le sujet comme singulier, & la proposition dans les syllogismes, dont on parlera bientôt, est regardée comme singuliere.

La proposition singuliere dans les syllogismes, est regardée comme universelle, parce que le sujet est pris selon toute son étendue, aussi-bien que le sujet de la proposition universelle. Toute proposition est *affirmative* ou *négative*. La premiere, est celle dans laquelle l'attribut & le sujet sont unis entr'eux; & la seconde, est celle dans laquelle l'attribut est séparé du sujet, comme dans cette proposition : Pierre n'est pas savant (1).

Toutes les propositions sont désignées dans les écoles par les quatre lettres A , E , I , O. La lettre A désigne une proposition universelle affirmative ; la proposition singuliere est rapportée à l'universelle. E désigne une proposition universelle négative. I désigne une proposition particuliere affirmative. O désigne une proposition particuliere négative.

Toute proposition est affirmative ou négative. Dans chaque attribut, on distingue l'*extension* & la *compréhension*. La compré-

____

(1) Mais, diront les Partisans de Dagoumer & de Buffier, la proposition qu'on vient de citer est la même que celle-ci ; Pierre est non savant : or , dans celle-ci, l'attribut non savant est joint au sujet ; donc cette proposition , qui paroît négative, est réellement affirmative, & il n'y a aucune proposition négative ; mais toutes sont affirmatives.

Je réponds , que l'attribut de notre proposition est le terme savant , & que la proposition , *Pierre est non savant*, est affirmative en apparence seulement, puisque l'attribut savant est séparé du sujet ; car assurer que Pierre est non savant , ou que Pierre n'est pas savant, est la même chose que nier que Pierre soit savant.

hension est tout ce qui est compris dans la notion de l'attribut : l'extension sont les sujets auxquels le même attribut convient. Telle est la nature d'une proposition affirmative, qu'elle unit le sujet à l'attribut, non quant à toute l'extension ou l'étendue de l'attribut, mais seulement quant à toute sa compréhension. Dans cette proposition, *l'homme est animal*; la notion de l'animal est comprise toute dans la notion de l'homme, & quoiqu'elle s'étende à plusieurs autres animaux, elle est restreinte à l'espece humaine par la force de la proposition affirmative.

Dans la proposition négative, l'attribut est séparé du sujet quant à toute son extension, & non quant à toute sa compréhension; c'est-à-dire, toute la notion de l'attribut ne doit pas se trouver dans celle du sujet, quoiqu'elle puisse lui convenir en quelque chose. Dans cette proposition, la brute n'est pas un animal raisonnable, on ne veut pas dire que le sujet & l'attribut n'ont rien de commun, car ils conviennent en ce qu'ils sont tous les deux animaux; mais on assure seulement que toute la notion de l'animal raiſonnable n'eſt pas compriſe dans la notion de la brute. L'attribut étant ſouvent plus étendu que le ſujet, on voit que par la force de l'affirmation il eſt alors reſtreint, & pour exprimer cela, les Logiciens diſent que l'attribut d'une propoſition affirmative eſt particulier par la force de l'affirmation, parce qu'il ne peut avoir une plus grande étendue que le ſujet ; mais l'attribut d'une propoſition négative eſt pris univerſellement.

Les propoſitions *contradictoires* ſont celles dont l'une nie préciſément ce que l'autre affirme, comme celles-ci : *tout homme eſt raiſonnable : quelque homme n'eſt pas raiſonnable.* Deux propoſitions univerſelles, qui ont le même ſujet & le même attribut, & dont l'une eſt affirmative & l'autre négative, ſont appellées *contraires*, comme celles-ci : *tout homme eſt juſte : aucun homme n'eſt juſte.* Il eſt viſible qu'elles peuvent être toutes les deux fauſſes à la fois ; mais elles ne peuvent pas être toutes les deux vraies en même temps. Au contraire, dans les propoſitions contradictoires, l'une eſt toujours vraie, & l'autre fauſſe ; autrement la même chofe feroit & ne feroit pas en même temps. Si deux propofitions ayant le même fujet & le même attribut, c'eft-à-dire, dont le fujet, fans avoir égard à ce qui le rend univerfel ou particulier, eft le même, l'une étant affirmative & l'autre négative, font particulieres, elles font appellées *fub-contraires*; mais fi l'une eft particuliere & l'autre univerfelle, toutes les deux étant en même temps affirmatives ou négatives, on les appelle *fubalternes*.

Ces deux propofitions : *quelqne homme eft favant : quelque homme n'eft pas favant*, font fubcontraires. Il eft vifible qu'elles peuvent être vraies à la fois, mais non pas fauffes à la fois. Les propofitions fuivantes font fubalternes : *tout homme eft jufte : quelque homme n'eft pas jufte*.

La propofition fe divife en *fimple* & en *compofée*. La premiere n'a qu'un feul fujet & un feul attribut, comme celle-ci : *Pierre eft favant*. La feconde a plufieurs fujets ou plufieurs attributs. La propofition fuivante, *Dieu eft jufte & miféricordieux*, eft com-pofée. La propofition compofée peut auffi avoir en même temps plufieurs fujets & plu-

fieurs attributs , comme celle-ci : *Pierre*
& Paul étudient & fe promenent.

La propofition *conditionnelle* eft celle
qui en renferme deux , en prononçant que
fi l'une eft vraie l'autre doit l'être. Telle eft
cette propofition : *fi l'homme a des idées ,*
il a une ame. La premiere , fi l'homme a
des idées , eft l'*antécédent* : & la feconde le
conféquent. Pour que la propofition conditionnelle foit vraie , il eft néceffaire qu'il y
ait de l'union entre l'antécédent & le conféquent ; c'eft par le défaut de cette union
que la propofition fuivante eft fauffe : *fi*
Pierre eft riche , il eft favant. Car quoiqu'on
fuppofe que Pierre eft riche & favant , il ne
s'enfuit pas qu'il foit favant à caufe qu'il eft
riche.

La propofition eft dite *complexe* , lorfqu'elle renferme une propofition incidente,
telle eft la propofition fuivante : *Pierre &*
Paul qui font amis étudient. Pierre & Paul
étudient , eft la propofition principale. La
propofition incidente eft celle-ci , qui font
amis. Lorfque la propofition incidente eft
explicative de la principale , comme dans
la propofition citée , la principale peut être

vraie quoique l'incidente ſoit ôtée. Mais ſi la propoſition incidente eſt déterminative de la principale, c'eſt-à-dire, ſi elle reſtreint la propoſition principale, celle-ci devient fauſſe ſi l'on ôte l'incidente. Dans cette propoſition complexe : *tous les hommes qui ſuivront la Loi de Dieu ſeront ſauvés.* La propoſition principale, tous les hommes ſeront ſauvés, eſt fauſſe ; & cette propoſition eſt univerſelle, tandis que la propoſition complexe eſt particuliere, étant la même que celle-ci : ceux d'entre les hommes qui obſerveront la Loi de Dieu ſeront ſauvés : puiſque l'on veut dire non pas que tous les hommes, ſans en excepter un, ſeront ſauvés, mais ſeulement que ceux qui obſerveront la Loi de Dieu ſeront ſauvés.

Toute propoſition eſt vraie ou fauſſe. Elle eſt vraie lorſque la choſe qu'elle énonce eſt telle qu'elle l'énonce. Dans le cas contraire elle eſt fauſſe (1).

---

(1) Pour faire comprendre juſqu'où les Scholaſtiques portent la ſubtilité de la chicane, nous allons répondre à quelques objections célebres dans l'École. Si Pierre dit, *je mens*, ſans avoir parlé auparavant, cette propoſition eſt vraie & fauſſe en même temps : car ſi elle

PROPOSITION. *De deux propofitions contradictoires du futur contingent & libre,*

eft vraie, elle eft auffi fauffe ; puifqu'en difant, je mens, Pierre dit la vérité ; il ne ment donc pas, & s'il eft vrai qu'il mente lorfqu'il dit, je mens, il dit vrai. Cette propofition eft donc vraie & fauffe en même temps, ou plutôt, n'eft ni vraie ni fauffe. De même fi le gardien d'un pont a reçu ordre de jeter dans la riviere tous ceux qui ne diront pas la vérité, & que Pierre lui dife : *tu me jetteras dans la riviere* ; fi Pierre a dit vrai, il ne doit pas être jeté dans la riviere : mais fi on ne jette pas Pierre dans la riviere, il aura dit faux, & il doit être jeté dans la riviere : donc cette propofition eft telle, que de fa vérité fuit fa fauffeté, & réciproquement ; ainfi toute propofition n'eft pas vraie ou fauffe.

Je réponds que la premiere propofition eft purement grammaticale & non pas logique ; elle eft grammaticale, parce qu'elle eft exprimée comme le font les propofitions de la grammaire ; mais elle n'eft pas logique, parce qu'elle n'exprime aucun jugement : car comment peut mentir celui qui auparavant n'a point parlé ? Il faudroit donc que Pierre eût parlé auparavant, & la propofition auroit rapport à ce que Pierre auroit dit. Or, il ne s'agit ici que des propofitions logiques qui expriment des jugemens.

Quant à la feconde objection, on peut dire que le gardien du pont a reçu ordre de jeter dans la riviere non pas ceux qui diroient, *tu me jetteras dans la riviere,* ce qui feroit ridicule, mais ceux qui auroient dit quelque fauffeté qui eût rapport à quelqu'autre chofe, & cela pour les punir de leur menfonge.

l'une est déterminément vraie, & l'autre est déterminément fausse. Soient ces deux propositions : l'Empereur de la Chine dînera demain, l'Empereur de la Chine ne dînera pas demain : qui font du futur contingent, & libre ; puisque le dîné de l'Empereur de la Chine est une chose qui peut arriver ou ne pas arriver, & que cela dépend de la liberté de ce Prince : or, il est vrai de dire qu'une des deux est actuellement vraie & l'autre fausse. Car si réellement l'Empereur de la Chine dîne demain, la premiere est actuellement vraie & la seconde est actuellement fausse. Mais au contraire, si cet Empereur ne dîne pas demain, la seconde proposition est vraie & la premiere fausse.

Mais, direz-vous, l'objet de cette proposition : l'Empereur de la Chine dînera demain, n'est pas nécessairement futur, autrement le dîné de cet Empereur ne seroit pas libre ; l'objet de cette proposition n'est donc pas certain, ni la proposition déterminément vraie ou déterminément fausse.

Je réponds que le dîné de l'Empereur de la Chine peut être certain sans être nécessaire, & qu'il suffit que ce dîné soit certainement futur pour que la propofition qui l'énonce comme futur, foit déterminément vraie. De plus, de toute éternité, Dieu fait fi cet Empereur dînera ou ne dînera pas demain; ainfi de toute éternité, l'une de ces propofitions : *l'Empereur de la Chine dînera demain, l'Empereur de la Chine ne dînera pas demain* : l'une eft vraie & l'autre fauffe déterminément.

On pourra dire encore que fi Dieu voit de toute éternité que Pierre difputera demain, dans ce cas Pierre ne pourra pas s'empêcher de difputer, autrement il pourroit rendre la vifion de Dieu fauffe; & qu'ainfi la vifion de Dieu ôte la liberté des actions humaines. Il eft aifé de répondre à une pareille difficulté : fi je vois un homme qui fe promene, ma vifion ne le fait pas promener néceffairement. De même la vifion divine ne fait pas que les actions humaines exiftent néceffairement. Dieu a vu, par exemple, de toute éternité que Pierre difputera demain, mais il a vu auffi que Pierre difputeroit librement, & de maniere qu'il pourroit ne pas difputer. Ainfi de ce qu'il difputera, pouvant en même temps ne pas

diſputer , il ne s'enſuit nullement qu'il
puiſſe rendre fauſſe la viſion de Dieu. Il faudroit pour cela qu'on pût ſuppoſer qu'il ne
diſputera pas : or , c'eſt ce qu'on ne peut
pas ſuppoſer , parce que Dieu a vu que
Pierre ſe détermineroit librement à diſputer ,
& qu'il n'eſt pas poſſible qu'il ſe détermine
en même temps à diſputer & à ne pas diſputer. De ſorte qu'on ne peut ſuppoſer ſans
abſurdité que Pierre ne diſputera pas , quoiqu'il ſoit vrai de dire que Pierre pourra
s'empêcher de diſputer.

TROISIEME PARTIE

DE LA LOGIQUE.

DU RAISONNEMENT.

CHAPITRE PREMIER.

De la nature du Raisonnement.

L'ART de raisonner consiste à comparer deux idées ensemble par le moyen d'une troisieme, pour connoître si les deux premieres conviennent ou ne conviennent pas entre elles. Au reste, nous entendons ici par le mot *idée*, une connoissance, une notion acquise d'une maniere quelconque, par le raisonnement, la réflexion, l'expérience, &c.

Le *raisonnement* exprimé dans le discours s'appelle *argumentation*. Il y a plusieurs especes d'argumentation : la principale, à laquelle on peut rapporter toutes les autres, s'appelle *syllogisme*. Le syllogisme est une

argumentation qui contient trois propofitions ; tel eft le fuivant :

Toute vertu eft louable ;
Mais la tempérance eft une vertu ;
Donc la tempérance eft louable.

Les deux premieres propofitions s'appellent l'*antécédent*, ou encore, les *prémiffes*, la derniere s'appelle la *conclufion*
ou le *conféquent* : elle fuit des deux autres.
L'union de la conclufion avec l'antécédent
ou les prémiffes s'appelle *conféquence*. Cette
union dans l'efprit eft un acte par lequel de
la vérité de deux jugemens l'efprit conclud
la vérité d'un troifieme. Ainfi du jugement
que, toute vertu eft louable, & du jugement que, la tempérance eft une vertu,
l'efprit conclud que la tempérance eft
louable.

Toute propofition contient deux termes,
le *fujet* & le *prédicat* ou l'*attribut*, qu'on
appelle les *extrêmes* de la propofition. Les
idées que l'on compare dans le fyllogifme
s'appellent l'une le *majus extremum*, ou
le plus grand terme ; l'autre, le *minus extremum*, ou le petit terme ; & la troifieme
idé,

idée avec laquelle on compare les deux premieres, s'appelle le *medium*, ou le terme
moyen. Dans le syllogisme qu'on vient de
rapporter, louable est le *grand terme*, tempérance le *petit terme*, & vertu le *terme
moyen*. Le petit terme est le sujet de la
conclusion,& le grand terme en est le prédicat ou l'attribut. On l'appelle grand terme,
parce qu'il a ordinairement plus d'extension
que le sujet ou le petit terme. L'attribut
louable est bien plus étendu que tempérance, puisqu'il y a bien des choses différentes de la tempérance, qui sont néanmoins
louables. On compare dans une des prémisses le grand terme louable avec le moyen
terme vertu, & on voit que l'idée de vertu
est contenue dans l'idée de louable. Dans
la seconde prémisse, on compare le petit
terme tempérance avec le même moyen
terme, & l'on voit que le petit terme est
renfermé dans le moyen terme vertu ; d'où
l'on infere dans la conclusion que le petit
terme est renfermé dans le grand, ou, ce qui
revient au même, que le grand terme renferme le petit, ou ce qui revient encore au
même que le grand & le petit terme convien-

nent entr'eux (1). Soit cet autre syllogisme :

Un esprit n'est pas divisible ;
Or, l'ame est un esprit :
Donc l'ame n'est pas divisible.

Dans la premiere proposition on compare le grand terme *divisible* avec le terme moyen *esprit* , & cette comparaison fait voir que l'idée du grand terme exclut celle du moyen terme. Dans la seconde proposition, on compare le petit terme *ame* avec le moyen , & cette comparaison fait voir que le petit terme est contenu dans le moyen. De ces deux comparaisons on infere , dans la conclusion, que le petit & le grand terme ne conviennent pas entr'eux.

Celle des prémisses qui contient le grand terme & le moyen , s'appelle la *majeure*, ou *proposition majeure*, & l'on appelle *proposition mineure* celle qui contient le petit terme avec le moyen. Il est aisé de voir

----

(1) Pour comparer le terme moyen avec le grand ou le petit terme , il n'est pas nécessaire d'avoir des idées complettes de ces termes, il suffit d'en avoir l'idée par rapport à la propriété ou aux propriétés dont on a besoin pour la comparaison.

que la conclusion contient seulement le grand & le petit terme & jamais le terme moyen, car la conclusion est la question qu'il faut prouver. Dans le dernier syllogisme, par exemple, il faut prouver que l'ame n'est pas divisible. Or, la question qu'il faut prouver contient seulement le grand & le petit terme, & l'on n'emploie le terme moyen que pour pouvoir faire la comparaison des deux autres. Quoique nous venions de dire que la proposition qui contient le grand terme soit appellée majeure, cependant dans les disputes scholastiques on appelle majeure la premiere proposition du syllogisme, quand même cette proposition contiendroit le petit terme.

Pour fixer l'imagination, supposons que l'on ait deux idées, que nous appellerons l'une l'idée A, & l'autre l'idée B. Pour savoir si l'idée A exclut ou renferme l'idée B, prenez l'idée C (c'est l'idée du moyen terme) comparez successivement l'idée A & l'idée B avec l'idée C. Si l'idée A convient avec l'idée C, & que l'idée C convienne avec l'idée B, on doit conclure que l'idée A convient avec l'idée B ; mais si l'idée A renferme l'idée C, ou est renfermée dans l'idée C, & que l'idée C exclue l'idée B, on doit conclure que l'idée A ne convient pas avec l'idée B (1), & tous les syllogismes exacts se réduisent à l'un de ces deux cas ; autrement ils sont vicieux. *On peut dire aussi que si le terme moyen convient avec les deux extrêmes, les deux extrêmes doivent convenir entr'eux. Mais si le moyen convient avec l'un des extrêmes sans convenir avec l'autre, les deux extrêmes ne conviennent pas entr'eux.* Quoique par cette seule regle générale bien entendue on puisse

____

(1) Ainsi, dans le premier syllogisme de ce Chapitre, si l'idée de la tempérance est représentée par l'idée A, celle de louable par l'idée B, & celle de vertu par l'idée C, il est aisé de voir que l'idée A convenant avec l'idée C, & que celle-ci convenant également avec l'idée B, l'idée A doit convenir avec l'idée B. Au contraire, dans le dernier syllogisme, si l'idée de l'ame est désignée par A, celle de divisibilité par B, & celle d'esprit par C, on voit aisément que l'idée A ne convenant pas avec l'idée C, tandis que celle-ci convient avec l'idée B, l'on doit conclure que l'idée A ne convient pas avec l'idée B, c'est-à-dire, on doit conclure que l'ame n'est pas divisible. Au reste, par ce mot idée, nous entendons ici une notion quelconque, soit que cette notion ait été acquise par le raisonnement ou sans raisonnement.

juger de la bonté ou de la fausseté d'un syllogisme, nous donnerons cependant d'autres regles dans le Chapitre suivant, afin de mettre les commençans plus en état de distinguer les bons & les mauvais raisonnemens.

CHAPITRE II.

Des Regles générales du Syllogisme.

Première Regle. *Il ne doit y avoir que trois termes dans un syllogisme.* Car on fait un syllogisme pour prouver que le grand & le petit terme conviennent ou ne conviennent pas entr'eux, ce que l'on trouve en les comparant successivement avec le terme moyen ; donc il suffit qu'il y ait trois termes dans un syllogisme.

Corollaire (1). On ne doit donc pas prendre le terme moyen dans un sens dans la majeure, & dans un sens différent dans

______

(1) Un corollaire est une proposition qui suit d'un autre,

la mineure : car ce seroit comme si on prenoit deux termes moyens. Ainsi le syllogisme suivant ne conclut pas :

Tout lion est un animal;
Mais une aigle est un animal:
Donc une aigle est un lion.

Car le terme moyen *animal* est pris dans une des prémisses pour un animal quadrupede, & dans l'autre prémisse pour un oiseau.

Nous remarquerons en passant, que quoique chaque proposition contienne deux termes, & qu'il y ait trois propositions dans chaque syllogisme, il n'y a cependant que trois termes, parce que chaque terme est répété deux fois.

Seconde Regle. *Le terme moyen doit être pris au moins une fois universellement.* Car sans cela il seroit équivalent à deux termes. Ainsi, dans le dernier syllogisme, le terme animal est pris particuliérement dans chaque prémisse, dans l'une étant pris pour un lion, & dans l'autre pour un oiseau; c'est pourquoi le syllogisme suivant est vicieux :

Un Médecin eſt un homme ;
Mais Pierre eſt un homme :
Donc Pierre eſt un Médecin.

Car le terme moyen *homme* eſt pris deux fois particuliérement : dans la majeure il eſt pris ſelon une partie de ſon extenſion, étant pris dans la mineure ſelon une autre partie de ſon extenſion (1) ; c'eſt pourquoi il eſt équivalent à deux termes. Mais ſi le moyen terme étoit un terme ſingulier, comme il ſeroit pris ſelon toute ſon étendue dans les deux prémiſſes, il n'y auroit qu'un ſeul terme moyen qui ſeroit équivalent à un terme moyen pris univerſellement. De ſorte que le ſyllogiſme ſeroit concluant : tel eſt le ſyllogiſme ſuivant :

Paris eſt la plus grande Ville de France ;
Mais Paris eſt riche :
Donc la plus grande Ville de France eſt
    riche.

Troisieme Regle. *Le terme moyen ne*

____

(1) C'eſt-à-dire, que l'idée de l'*homme* ne repréſente dans ce cas qu'une partie des êtres auxquels cette idée convient.

peut pas se trouver dans la conclusion.
Car le terme moyen est le terme de comparaison qu'on prend pour prouver la
question, c'est-à-dire, pour faire voir que
le petit & le grand terme conviennent
ou ne conviennent pas entr'eux ; mais la
conclusion contient la question seule qui
ne renferme que le grand & le petit terme
dans le terme moyen.

QUATRIEME REGLE. *Un terme ne peut
avoir plus d'universalité dans la conclusion
que dans les prémisses.* En effet, la conclusion est déduite des prémisses ; donc elle
est contenue dans les prémisses ; mais ce
qui est moins universel ne contient pas
ce qui est plus universel ; un terme ne
doit donc pas être plus universel dans la
conclusion que dans les prémisses.

Remarque. Selon la troisieme Regle, le
terme moyen ne peut pas se trouver dans
la conclusion ; selon la deuxieme Regle,
ce terme doit être pris au moins une fois
universellement ; donc dans les prémisses
il y a au moins un terme universel de
plus que dans la conclusion, puisque selon
la quatrieme Regle tout terme qui est

universel dans la conclusion doit l'être dans les prémisses. De sorte que si aucun des deux termes de la conclusion n'est universel, il n'y aura qu'un terme universel; savoir, le moyen, dans les prémisses.

CINQUIEME REGLE. *Si les deux prémisses sont affirmatives, la conclusion ne peut être négative.* Car alors le grand & le petit terme conviennent avec le moyen dans les prémisses; donc, selon la regle générale du Chapitre précédent, ils doivent convenir entr'eux dans la conclusion qui par conséquent doit être affirmative.

SIXIEME REGLE. *De deux propositions négatives on ne peut tirer aucune conclusion.* Car les deux prémisses négatives indiquent que le terme moyen ne convient ni avec le grand, ni avec le petit terme; or, delà on ne peut pas conclure que le grand & le petit terme conviennent, ou ne conviennent pas entr'eux. Ainsi si je dis : Pierre n'est pas Médecin ; mais un Médecin n'est pas un Roi ; je ne puis pas conclurre que Pierre est Roi , ni que Pierre n'est pas Roi.

E v

Remarque. Une proposition peut être affirmative dans le syllogisme, & négative hors du syllogisme. Ainsi dans le syllogisme suivant :

> *Celui qui n'honore pas Dieu, ne sera pas*
>   *sauvé ;*
> *L'impie n'honore pas Dieu :*
> *Donc l'impie ne sera pas sauvé.*

Celui qui n'honore pas Dieu est le terme moyen & le sujet de la seconde proposition, de sorte que la mineure qui, hors du syllogisme, seroit négative est affirmative dans ce syllogisme : car la mineure équivaut à cette proposition ; l'impie est celui qui n'honore pas Dieu. Mais hors du syllogisme cette proposition équivaut à celle-ci : l'impie n'honore pas Dieu, qui est négative. Cette proposition n'est donc pas la même réellement hors du syllogisme & dans le syllogisme, mais seulement en apparence, & le syllogisme cité n'a pas les deux prémisses négatives. Mais pourquoi la seconde proposition n'a-t-elle pas le même sens dans le syllogisme, & hors du syllogisme ? Cela vient de ce que la majeure modifie le sens de la mineure ; mais hors du syllogisme rien ne change ce sens.

Septieme Regle. *De deux prémisses particulieres on ne peut rien conclure.* Ainsi de ce que quelque homme est Médecin, & de ce que quelque homme est pauvre, on ne sauroit conclure que les Médecins sont riches ou pauvres.

Huitieme Regle. *Si une des prémisses est négative, la conclusion sera négative.* Car alors un des termes de la conclusion sera séparé du terme moyen, tandis que l'autre terme de la même conclusion conviendra avec ce même terme moyen : ainsi, par la regle du Chapitre précédent, les termes de la conclusion ne peuvent convenir entr'eux ; ainsi la conclusion doit être négative.

Neuvieme Regle. *Si l'une des prémisses est particuliere, la conclusion ne peut pas être universelle.* Car autrement, il faudroit assurer ou nier de tout sujet, dans la conclusion, ce qu'on a assuré ou nié seulement de quelque sujet, ou de quelques sujets dans les prémisses, & par conséquent prendre dans la conclusion un terme plus universellement qu'on ne l'a pris dans les prémisses, ce que la quatrieme Regle défend. Donc si l'une des prémisses est particuliere, il est nécessaire que la conclusion le soit aussi. C'est d'ailleurs ce dont un chacun peut aisément se convaincre, en faisant quelques syllogismes dont une des prémisses soit particuliere, en supposant d'abord une des deux prémisses négative, & les supposant ensuite toutes les deux affirmatives (1).

---

(1) Pour faire comprendre cela d'une autre maniere, supposons que les deux prémisses sont affirmatives. Puisque l'une est supposée particuliere, son sujet sera particulier ; & comme l'attribut d'une proposition affirmative est particulier, les deux attributs dans les prémisses seront particuliers. Donc, puisque le terme moyen doit être pris une fois universellement dans les prémisses, par la seconde regle, il sera le sujet d'une des prémisses. Donc le petit terme, qui est le sujet de la conclusion, sera particulier dans les prémisses, & par conséquent il le sera aussi dans la conclusion, par la quatrieme regle. Donc la conclusion sera particuliere.

Supposons maintenant qu'une des prémisses est négative ; car toutes les deux ne peuvent pas l'être par la regle sixieme ; donc la conclusion sera négative par la huitieme regle. Si elle est universelle, elle contiendra

Dixieme Regle. *La conclusion suit la plus foible partie.* La prémiſſe négative ou particuliere, eſt appellée la plus foible partie des prémiſſes, & le ſens de la regle eſt, que la conclusion doit être négative ſi l'une des prémiſſes eſt négative, ce qui ſuit de la huitieme Regle ; & qu'elle doit être particuliere ſi l'une des prémiſ-ſes eſt particuliere, ce qui eſt évident par la Regle précédente.

---

deux termes univerſels ; car l'attribut d'une propoſition négative eſt univerſel, comme on l'a dit ci-deſſus. Donc par la quatrieme regle, le grand & le petit terme feront univerſels dans les prémiſſes ; mais de plus, ſelon la ſeconde regle, le terme moyen ſera au moins une fois univerſel dans les prémiſſes ; il y auroit donc trois ter-mes univerſels dans les deux prémiſſes, dont l'une eſt particuliere, ce qui eſt impoſſible. En effet, ſi la pré-miſſe particuliere eſt négative, elle ne peut contenir qu'un ſeul terme univerſel, ſavoir, l'attribut ; & la pré-miſſe univerſelle affirmative n'en contient qu'un non plus, ſavoir, le ſujet. Si la prémiſſe particuliere eſt affirma-tive elle ne contient aucun terme univerſel ; donc ,.&c.

CHAPITRE III.

Des figures & des modes des Syllogismes.

ON appelle *figure* du syllogisme la disposition du terme moyen avec les extrêmes. Dans la premiere figure, le terme moyen est le sujet de la proposition majeure, & le prédicat de la proposition mineure. Ainsi le syllogisme suivant est dans la premiere figure :

Toute vertu est louable ;
Mais la prudence est une vertu :
Donc la prudence est louable.

Dans la seconde figure, le terme moyen est prédicat dans les deux prémisses, comme dans le syllogisme suivant :

Aucun homme heureux n'est inquiet ;
Tout avare est inquiet :
Donc aucun avare n'est heureux.

Dans la troisieme figure, le terme moyen est sujet dans les deux prémisses, ainsi les ſyllogiſmes cités dans la ſeconde Regle du Chapitre précédent ſont dans la troiſieme figure. Enfin, dans la quatrieme figure, le terme moyen eſt prédicat dans la majeure & ſujet dans la mineure, comme on le voit dans le ſyllogiſme ſuivant :

Tout homme eſt animal ;
Mais tout animal eſt vivant :
Donc quelque vivant eſt homme.

Avec un peu d'attention il eſt aiſé de s'appercevoir qu'il n'y a que quatre façons différentes de diſpoſer le terme moyen par rapport aux deux termes extrêmes, & qu'ainſi il ne peut y avoir en tout que quatre figures de ſyllogiſmes.

Le *mode* eſt la diſpoſition des propoſitions conſidérées quant à leur *qualité*, c'eſt-à-dire, leur univerſalité ou particularité, & quant à leur *qualité* ; c'eſt-à-dire, quant à leur affirmation ou négation. Toutes les propoſitions peuvent être déſignées par les quatre lettres A, E, I, O, comme on l'a dit ci-devant. Les trois propoſitions de chaque ſyllogiſme peuvent donc toujours être déſignées par trois des

quatre lettres dont on vient de parler.
Mais quatre lettres étant prises trois à
trois , peuvent former soixante - quatre
assemblages ou combinaisons différentes (1).
Ainsi , il peut y avoir en tout soixante-
quatre modes de syllogismes. Le mode
A A A indique un syllogisme dont les
trois propositions seroient universelles
affirmatives (2). Le mode A I I désigne
un syllogisme dont la premiere proposition est universelle affirmative ; la seconde
proposition particuliere affirmative , & la
derniere particuliere affirmative (3). La premiere lettre indique toujours la premiere
proposition, qu'on appelle ordinairement
majeure dans l'école ; la seconde indique la

---

(1) Voyez dans nos Institutions mathématiques ce
que nous avons dit sur les combinaisons.

(2) Tel seroit celui-ci :

> *Tout être composé de corps & d'ame est mortel ;*
> *Mais tout homme est composé de corps & d'ame :*
> *Donc tout homme est mortel.*

(3) Quoique la connoissance des modes des syllogismes soit peu intéressante , & qu'on puisse s'en passer
bien aisément , cependant , pour donner un Ouvrage

seconde proposition, & la troisieme indique la conclusion. Si on fait bien attention aux regles précédentes, on verra qu'il y

---

complet, & en faveur des Curieux, nous avons cru devoir mettre tous ces modes dans la Table suivante :

TABLE DES MODES DES SYLLOGISMES.

AAA.	AOO.	EAO.	IIE.	IOO.	OEI.
AAI.	AII.	EIO.	IAI.	IEA.	OOA.
AEA.	AEO.	EEA.	IOI.	IOA.	OOI.
AOA.	AEI.	EEO.	IEE.	IEO.	OEO.
AEE.	AIO.	EIE.	IAE.	OOO.	
AOE.	EEE.	EAA.	IAO.	OOE.	OAA.
AIE.	EEI.	EOO.	IOE.	OAO.	OII.
AOI.	EAE.	EIA.	IIA.	OIO.	OEA.
AAE.	EOA.	EOA.	IIO.	OEE.	OIA.
AAO.	EII.	EOI.	IEI.	OAE.	
AIA.	EAI.	III.	IAA.	OAI.	OIE.

a cinquante-quatre modes qu'on ne peut admettre ; de sorte qu'il n'y a en tout que dix modes concluans. Les modes E O I, E E A doivent être rejetés par la sixieme Regle, parce que de deux propositions négatives on ne peut rien conclure. De même que les modes A A E, A A O, A I E, A I O, I A E, I A O ne peuvent être admis par la cinquieme Regle, selon laquelle de deux propositions affirmatives on ne peut tirer une conclusion négative (1).

Les Regles qu'on vient de développer ont rapport aux syllogismes simples, c'est-à-dire, aux syllogismes dont les propositions ne sont pas composées ; mais on peut rapporter à ces sortes de syllogismes toutes les autres especes d'argumentations. Ainsi on n'a pas besoin d'autres Regles pour juger de la bonté des syllogismes, de quelque nature qu'ils soient : on peut employer aussi pour juger de la bonté d'un syllogisme quelconque, ne faire usage que

---

(1) Les dix modes légitimes sont les suivans , dont les quatre premiers sont affirmatifs & les autres négatifs. AAA. AII. AAI. IAI. EAE. AEE. EAO. AOO. OAO. EIO.

de la Regle générale fuivante. *Une des prémiffes doit contenir la conclufion , & l'autre prémiffe doit faire connoître qu'elle eft contenue* ; foit par exemple le fyllogifme fuivant :

> *Ceux qui n'étudient pas ne deviendront pas favans ;*
> *Mais Titius n'étudie pas :*
> *Donc Titius ne deviendra pas favant.*

Dans ce fyllogifme la majeure contient la conclufion , puifqu'elle annonce que ceux qui n'étudient pas ne deviendront pas favans , & la mineure indique que Titius eft un de ceux qui n'étudient pas ; elle fait donc connoître que la propofition majeure contient la conclufion , felon laquelle Titius ne doit pas devenir favant. Ce fyllogifme eft donc légitime ; mais le fuivant peche contre cette regle :

> *Il y a quelque Médecin habile ;*
> *Mais Hortenfius eft Médecin :*
> *Donc Hortenfius eft habile.*

La premiere propofition indique bien qu'il y a des Médecins habiles ; mais la feconde ne fait pas connoître fi Hortenfius est un de ceux-là ; & le syllogisme est vicieux. Il peche d'ailleurs contre la seconde regle , selon laquelle le terme moyen doit être pris au moins une fois universellement ; or, ce terme (c'est ici Médecin) est pris deux fois particuliérement, c'est-à-dire, selon une partie de son extension.

CHAPITRE IV.

De différentes especes d'Argumentations.

ON appelle *enthymême* un syllogisme tronqué , ou un syllogisme dont on a retranché l'une des prémisses. Tel est le raisonnement suivant :

La tempérance est une vertu ;
Donc elle est louable.

La premiere proposition de l'enthymême s'appelle l'*antécédent*, & la seconde s'appelle le *conséquent*. Il est évident que la proposition sous - entendue en vertu de laquelle l'enthymême conclut , est celle-ci : *toute vertu est louable.* De sorte que cet

enthymême peut se réduire en syllogisme,
en disant :

> *Toute vertu est louable ;*
> *Mais la tempérance est une vertu ;*
> *Donc la tempérance est louable.*

Le *Sorite* est une argumentation dans
laquelle on tire une conclusion de plusieurs
prémisses, qui doivent être tellement unies
que le conséquent de la proposition précédente soit continuellement l'antécédent
de la suivante. Tel est le raisonnement
suivant : *Dieu est un Être parfait ; un*
Être parfait est un Être tout-puissant ;
un Être tout-puissant peut faire tout ce
qui n'est pas contradictoire ; donc Dieu
peut faire tout ce qui n'est pas contradictoire. Cette argumentation peut se
résoudre en autant de syllogismes qu'il y
a de termes moyens , c'est-à-dire, qu'il
y a de termes qui n'entrent pas dans la
conclusion. Dans l'exemple cité il y a deux
termes moyens, *Être parfait*, *Être tout-*
puissant, & l'on peut dire :

1°. *Un Être parfait est un Être tout-*
  puissant ;

Mais Dieu eſt un Être parfait;
Donc Dieu eſt un Être tout-puiſſant.

2°. *Un Être tout-puiſſant peut faire tout ce qui n'eſt pas contradictoire;*
Mais Dieu eſt un Être tout-puiſſant;
Donc Dieu peut faire tout ce qui n'eſt pas contradictoire.

Lorſque tous les ſyllogiſmes dans leſquels le ſorite peut ſe réſoudre ſont légitimes, comme dans l'exemple précédent, cette eſpece d'argumentation eſt concluante; dans le cas contraire le ſorite eſt vicieux.

On appelle *induction*. cette eſpece d'argumentation dans laquelle de l'énumération, ſoit des genres, ſoit des eſpeces, ſoit des individus, on conclut quelque choſe de commun, ſoit aux genres, ſoit aux eſpeces, ſoit aux individus ; comme ſi l'on diſoit l'argent, l'or, le cuivre, l'étain, le fer, le plomb, la platine (1),

____

(1) La platine, qu'on appelle encore or blanc, ne peut ſe fondre aux feux les plus ardens des fourneaux de laboratoire ; mais MM. Beaumé & Macquer ayant expoſé ce métal au foyer d'un grand miroir ardent, ſont parvenus à en fondre une petite partie dans une minute.

peuvent devenir liquides; donc tout métal peut devenir liquide. Pour que l'induction soit juste, il faut que l'énumération soit parfaite, autrement elle peut nous induire en erreur. On peut réduire en syllogisme toute induction en disant : tout ce qui convient ou répugne à tous les sujets singuliers d'une idée, convient ou répugne au sujet entier de cette idée ; mais telle propriété convient ou répugne à tous les sujets singuliers de telle idée ; donc, &c. Ainsi, dans l'exemple proposé, l'on peut dire toute propriété qui convient à chacun des métaux convient à tous ; or, la propriété de pouvoir être liquéfié convient à chacun des métaux, l'or, l'argent, &c. donc il convient à tout métal de pouvoir être liquéfié.

On appelle *exemple* un enthymême dans lequel de quelque chose de singulier on conclut une chose singuliere, comme si on disoit à quelqu'un : Pierre en étudiant est devenu savant; donc si vous étudiez vous deviendrez savant. Cette espece de raisonnement peut souvent tromper, parce que les choses qui paroissent semblables ne le sont pas toujours parfaitement. Le raisonnement précédent peut se réduire à ce syllogisme :

Si vous faites ce que Pierre a fait, vous réussirez comme lui :
Or, Pierre en étudiant est devenu savant ;
Donc aussi en étudiant vous deviendrez savant.

La premiere proposition de ce syllogisme n'est pas certaine ; car pour réussir il ne suffit pas de faire ce qu'a fait un autre qui a réussi, & il peut bien se faire qu'un homme qui étudie ne devienne pas savant, faute de dispositions.

On appelle *syllogisme hypothétique ou conditionnel*, celui dont la proposition majeure est conditionnelle ; tel est le syllogisme suivant :

Si Dieu est aimable, nous devons l'aimer :
Or, Dieu est aimable ;
Donc nous devons l'aimer.

On peut ramener ce syllogisme au suivant :

Nous devons aimer tout ce qui est aimable :
Mais Dieu est aimable ;
Donc nous devons aimer Dieu.

On

On appelle *syllogisme disjonctif*, celui dont la majeure est *disjonctive* (1), tel est le suivant :

> *Les meurtriers de César sont parricides,*
> *ou défenseurs de la Patrie :*
> *Or, ils ne sont pas parricides ;*
> *Donc ils sont les défenseurs de la Patrie.*

On peut rapporter ce syllogisme au syllogisme conditionnel, en disant :

> *Si les meurtriers de César ne sont pas*
> *parricides, ils sont les défenseurs de*
> *la Patrie :*
> *Or, ils ne sont pas parricides ;*
> *Donc ils sont les défenseurs de la Patrie.*

Dans les syllogismes conditionnels, les Logiciens admettent ces deux regles pour ce qui regarde la proposition conditionnelle.

Premiere Regle. Qui accorde l'antécédent, doit accorder le conséquent.

Seconde Regle. Qui nie le conséquent, doit nier l'antécédent.

Remarque. On peut rapporter le syllo

---

(1) Une proposition qui a plusieurs parties séparées par la particule disjonctive, ou est appellée disjonctive.

F

gifme précédent à ce fyllogifme fimple :

Ceux qui ne font pas parricides (s'entend dans l'affaire de la mort de Céfar) *font défenfeurs de la Patrie :*

Or les meurtriers de Céfar ne font pas parricides :

Donc ils font défenfeurs de la Patrie.

Si la majeure d'un fyllogifme eft une propofition *copulative négative* (1), le fyllogifme eft appellé *copulatif* : tel eft le fuivant :

On ne peut pas être avare & libéral :
Or Pierre eft avare ;
Donc Pierre n'eft pas libéral.

On peut réduire ce fyllogifme à cette forme fimple :

Celui qui eft avare n'eft pas libéral ;
Mais Pierre eft avare :
Donc Pierre n'eft pas libéral.

En général, lorfqu'on trouvera quelque

____

(1) Une propofition qui a plufieurs fujets ou plufieurs attributs unis par quelque conjonction, eft appellée copulative. Et, ni font des conjonctions.

difficulté dans l'application des regles du Chapitre précédent, on tâchera de juger de là bonté du raisonnement par la regle générale de l'avant-dernier Chapitre.

On appelle *épichereme*, une espece de syllogisme dans lequel chacune des deux prémisses, ou du moins l'une des deux, est accompagnée de sa preuve. L'oraison entiere de Cicéron pour Milon, peut se réduire à cet épichereme :

Il est permis de tuer les assassins ; car le droit naturel, le droit des gens & plusieurs exemples le prouvent :

Mais Clodius a voulu assassiner Milon, ce qui est prouvé par l'appareil des armes, la multitude de soldats dont il étoit suivi, &c.

Donc il a été permis à Milon de tuer Clodius.

On appelle *dilemme*, une argumentation dans laquelle, après avoir divisé un tout en parties, on conclut du tout ce qui avoit été conclu de chaque partie. Ainsi, pour prouver à l'impie qu'il n'a rien à espérer après sa mort, je pourrois faire ce dilemme : ou l'ame périt avec le corps, ou elle lui survit ; si l'ame périt avec le corps , donc après la mort l'impie n'a rien à espérer ; si l'ame survit au corps , l'impie doit craindre un Dieu vengeur des crimes , & il n'a rien à espérer ; donc l'impie n'a rien à espérer après la mort. La force de cette argumentation est très-grande, lorsque l'énumération des parties est exacte ; car alors l'adversaire ne sait plus comment se tirer d'embarras.

On appelle *prosyllogisme*, une argumentation dans laquelle la conclusion du premier syllogisme est la majeure du second, cela arrive dans l'argumentation suivante : toute substance spituelle est immortelle; mais Dieu est une substance spirituelle : donc Dieu est immortel ; mais ce qui est immortel ne peut avoir de fin : donc Dieu ne peut avoir de fin.

CHAPITRE V.

Des Raisonnemens erronés.

J'ENTENDS par *Sophisme* ou *Paralogisme*, un argument faux qui cependant a l'apparence d'être bon. Quoiqu'avec un peu d'attention, en appliquant la regle générale qu'on a donnée ci-dessus, on puisse découvrir la convenance ou la disconvenance de deux idées, la vérité ou la fausseté d'un raisonnement, nous rapporterons ici les cas les plus généraux dans lesquels les raisonnemens peuvent être vicieux.

1º. Si l'une des prémisses est fausse, la conclusion est nulle, ce qui est évident.

2º. Il faut éviter les termes équivoques. S'il y a un terme équivoque, ce terme est équivalent à deux, parce qu'on peut le prendre en deux sens différens, & alors le syllogisme est censé avoir quatre termes.

3º. L'ignorance de ce qu'il faut prouver induit en erreur. Cela arrive lorsqu'on prouve ce qu'on ne nous a pas nié, &

qu'on attribue aux adversaires des opinions qu'ils n'ont pas.

4°. On ne doit pas supposer vrai ce qui est en question, autrement il ne seroit pas besoin de le prouver. Ce sophisme est appellé *petition de principe*. On peut rapporter à ce sophisme le *cercle vicieux*, qui consiste à prouver l'antécédent par le conséquent, & réciproquement le conséquent par l'antécédent : comme si quelqu'un vouloit prouver que les étoiles étincellent parce qu'elles sont fort éloignées de nous, & réciproquement qu'elles sont fort éloignées de nous parce qu'elles étincellent.

5°. C'est un sophisme de donner pour cause d'un effet ce qui n'en est pas la cause. Ceux qui assignent l'apparition d'une comete pour la cause d'une guerre qui suit cette apparition ; ceux qui s'imaginent, sans aucun fondement, que l'aspect des planetes influe sur les événemens de la vie, comme les Astrologues judiciaires, &c. tombent dans ce sophisme.

6°. On doit mettre au rang des sophismes l'énumération imparfaite, comme si quelqu'un, après avoir fait remarquer que

cent habitans d'une ville ſont honnêtes
gens, concluoit que tous les habitans ſont
honnêtes gens.

7°. C'eſt un ſophiſme d'attribuer abſo-
lúment, & ſans reſtriction, à une choſe ce
qui ne lui convient que par accident. On
auroit tort, par exemple, de dire que la Philoſophie eſt une ſcience nuiſible, parce
qu'il y a des gens qui en font un mauvais uſage.

8°. On ne doit pas paſſer du *ſens di-*
viſé au *ſens compoſé*, comme ſi l'on diſoit,
en parlant d'un homme qui fait l'opération de la cataraĉte : cet homme fait
voir les aveugles. Cela ne doit pas s'entendre de maniere qu'un homme qui eſt
aveugle puiſſe voir tandis qu'il eſt aveugle;
mais dans le ſens diviſé, c'eſt-à-dire, qu'un
homme qui auparavant étoit aveugle peut
maintenant y voir. C'eſt une autre eſpece
de ſophiſme de paſſer du ſens compoſé au
ſens diviſé. Comme ſi un avare raiſonnoit
ainſi : il eſt dit dans l'Ecriture que les
avares n'entreront point dans le Royaume
des Cieux ; donc je dois déſeſpérer de mon
ſalut : il feroit un ſophiſme; parce que cela

veut dire qu'un avare qui meurt avare, & non pas un avare qui ceffe de l'être avant de mourir, n'entrera pas dans le Royaume des Cieux.

9°. On tombe dans une autre efpece de fophifme, lorfqu'on conclut d'une chofe vraie dans un fens, à une chofe fimplement vraie, ou réciproquement. Comme fi on difoit, il n'eft pas bon de faire manger un homme dangereufement malade ; donc il ne faut pas manger. On concluroit d'une chofe dite fimplement à une chofe vraie dans un certain fens, fi l'on difoit : il faut rendre à chacun ce qui lui appartient ; donc il faut rendre fes armes à un furieux.

10°. On s'expofe à mal raifonner, lorf-qu'on conclut qu'un homme s'eft mal com-porté parce qu'il n'a pas réuffi, ou qu'un homme s'eft bien comporté parce qu'il a réuffi ; car l'homme prudent ue réuffit pas toujours, & les entreprifes téméraires font quelquefois heureufes.

CHAPITRE VI.

Des caufes de nos erreurs.

1°. LES fens nous trompent en plufieurs occafions lorfque nous voulons juger des chofes fur leur rapport. Le foleil, ce globe plus d'un million de fois plus gros que notre terre, ne nous paroît pas fort grand, ni fort éloigné de nous, quoique fa diftance foit de plus de trente-quatre millions de lieues (1). Nous nous expofons donc à nous tromper, lorfque nous voulons juger de la grandeur & de la diftance d'un objet par la vue.

2°. La vanité nous porte à méprifer les opinions des autres & à défendre les nôtres avec chaleur. L'amitié nous fait adopter

---

(1) Les lieues dont on parle font de vingt-cinq pour un degré de la terre. Leur longueur eft d'environ 2283 toifes, & la diftance moyenne du foleil à la terre eft d'environ 34761680 de ces lieues, ainfi qu'on le trouve en combinant les Obfervations aftronomiques les plus récentes. Voyez la feconde édition de nos Inftitutions Mathématiques, page 356.

F v

le sentiment d'un ami sans trop l'examiner. Les préjugés de l'enfance nous font regarder les opinions de nos maîtres & de nos parens comme des vérités incontestables. Les passions défigurent les objets & les font, pour ainsi dire, paroître différens de ce qu'ils sont ; delà les meilleures raisons, lorsqu'elles sont dites en faveur de celui qu'on hait, font peu d'impression, & les plus minces suffisent souvent pour nous le faire condamner. L'autorité d'un homme de réputation suffit pour qu'on l'en croie sur sa parole , & sans aucun examen ; mais dans des matieres de pure Philosophie, l'autorité ne doit être comptée pour rien. Enfin, nous voulons souvent juger des choses dont nous n'avons que des notions très-imparfaites : ce qui nous expose à nous tromper.

QUATRIEME PARTIE
DE LA LOGIQUE.

DE LA MÉTHODE PHILOSOPHIQUE.

Tout raisonnement qui fait voir avec évidence l'opposition ou la liaison de deux idées, est une *démonstration*. Pour parvenir à cette démonstration, on a souvent besoin de cette opération qu'on nomme *méthode* (1).

La *méthode philosophique* est l'art de disposer les perceptions, les jugemens & les raisonnemens, d'une maniere propre

---

(1) L'ame humaine ne sauroit saisir tout d'un coup les rapports qui lient deux vérités un peu éloignées : elle ne peut y parvenir que par l'intervention des idées moyennes, & toute la théorie du raisonnement repose sur ce principe. Les génies les plus profonds, les plus pénétrants ne se distinguent du reste des hommes que parce qu'ils font usage d'un plus petit nombre d'idées mitoyennes. Leur vue plus perçante, plus étendue, saisit des rapports plus éloignés ; mais quelque rapide que soit leur vol, il est néanmoins successif.

à nous faire découvrir la vérité, ou à la faire connoître aux autres lorsque nous l'avons trouvée.

On distingue deux especes de méthodes : l'*analytique* & la *synthétique*. La méthode synthétique, dont on se sert plus communément pour enseigner la vérité aux autres, descend des principes aux conséquences. La méthode analytique remonte des conclusions aux principes. On suppose d'abord que la question proposée est vraie, & delà on tâche de remonter jusqu'à quelque chose de connu, qui ait une connexion nécessaire avec la question proposée. Si, au contraire, on arrive à un principe absurde, nécessairement lié avec la question proposée, on conclut que la question proposée est absurde. Cette méthode est très-propre à découvrir la vérité, & les Géometres en font un grand usage pour résoudre les problêmes par le moyen des équations.

Nous renvoyons au Traité des équations que nous avons donné dans nos Institutions Mathématiques, ceux de nos lecteurs qui voudront voir des applications de l'analyse algébrique. Nous allons donner quelques regles communes à l'une & à l'autre des méthodes dont nous venons de parler, & celles qui sont particulieres à chacune.

REGLES COMMUNES A L'ANALYSE ET A LA SYNTHESE.

PREMIERE REGLE. *On ne doit employer aucun terme dont la signification soit équivoque ou obscure; ou, si l'on s'en sert, on doit expliquer en quel sens on le prend.* Souvent les hommes ne disputent que sur des mots : ce qui n'arriveroit pas, si on prenoit la peine d'expliquer ce qu'on entend par les termes qu'on emploie dans les questions qu'on traite.

SECONDE REGLE. *On ne doit admettre pour axiomes (1) que des vérités évidentes.*

TROISIEME REGLE. *Dans les questions purement philosophiques on ne doit regarder pour certain que ce qui est évident, ou évidemment prouvé.*

____

(1) Un axiome est une vérité si palpable, que personne ne doit la contester, telle est cette vérité : le tout est plus grand que la partie.

QUATRIEME REGLE. *On doit tâcher d'aller du facile au difficile, faisant en sorte que les propositions soient toujours unies par une chaîne évidente.*

REGLES DE L'ANALYSE OU DE LA MÉTHODE D'INVENTION.

PREMIERE REGLE. *On doit d'abord bien examiner & tâcher de bien comprendre l'état de la question, & l'exprimer le plus simplement qu'il est possible.*

SECONDE REGLE. *Si la question proposée renferme plusieurs questions particulieres, il faut la diviser dans toutes ces questions particulieres & les résoudre.*

TROISIEME REGLE. *Ayant comparé ces questions particulieres, il faut tâcher d'en diminuer le nombre jusqu'à ce que nous parvenions à une qui contienne ce que nous pouvons découvrir sur la question proposée.* Car la solution de cette derniere question nous fera connoître ce que nous pouvons espérer de savoir sur la proposée.

QUATRIEME REGLE. *On doit chercher des idées moyennes pour résoudre les questions particulieres :* ce qui se fait en tâchant de se rappeller les connoissances que l'on peut avoir acquises sur la question proposée , ou bien encore en méditant profondément sur les idées qui ont du rapport à la question proposée.

REGLES DE LA SYNTHESE OU MÉTHODE DE DOCTRINE.

PREMIERE REGLE. *Après avoir déterminé la signification des termes qui pourroient avoir quelqu'obscurité, on doit proposer les axiomes desquels on veut tirer les raisonnemens propres à prouver la vérité qu'on se propose de démontrer. Si l'on veut employer un principe qui ne soit pas un véritable axiome, mais qui ait besoin d'être prouvé, il faut prouver ce principe, ou avertir du moins qu'on le prouvera dans la suite. Quand on a besoin de demandes* (1)*, il est bon de les proposer après les axiomes.*

SECONDE REGLE. *On doit tâcher de diviser le sujet, s'il est composé, de maniere*

---

(1) Une demande est une proposition qu'on ne peut refuser d'admettre , comme si on demandoit qu'il fût permis de mener une ligne droite d'un point à un autre.

qu'on puisse le traiter par parties , & faire en sorte , autant qu'on le peut, que les parties les plus simples puissent être traitées avant les parties plus composées; mais la division doit être faite de maniere que la démonstration soit la plus naturelle qu'il est possible.

TROISIEME REGLE. *Les conclusions doivent être tirées des axiomes , demandes, propositions déjà prouvées* (1) *, & cela par des raisonnemens évidens.*

QUATRIEME REGLE. *On doit faire précéder les propositions qui doivent servir à démontrer les autres , &, autant qu'on le peut, les simples avant les composées , & les moins composées avant les plus composées, en rejetant celles qui sont inutiles pour démontrer la question proposée.*

C'est dans les bons Traités d'Algebre qu'on peut acquérir des connoissances profondes sur la méthode analytique ; on y fait voir qu'un problême est possible ou impossible, selon qu'on arrive à une équation possible ou absurde. Mais c'est avoir

---

(1) Ou du moins dont on a annoncé la preuve.

réfolu un problême que d'avoir prouvé qu'il eſt impoſſible.

Les Traités de Géométrie élémentaire ſont très-propres à faire connoître aux commençans tout l'artifice de la méthode ſynthétique ; &, ſi nous oſions nous citer nous-mêmes, nous leur recommanderions la lecture de nos Inſtitutions Mathématiques, ſur-tout la nouvelle édition.

Nous ferons remarquer, en terminant cette matiere, que les découvertes nouvelles ſe font en combinant de nouvelles idées entr'elles, ou en combinant des idées nouvelles avec des idées connues, ou en combinant des idées anciennes d'une maniere nouvelle, & que la réflexion ſur des idées anciennes peut nous procurer des idées nouvelles. Nous croyons auſſi devoir avertir les commençans que, quoique les regles du raiſonnement que nous avons expliquées dans notre Logique ſoient très-utiles, on ne doit pas s'imaginer qu'on ne puiſſe faire d'excellens raiſonnemens ſans leur donner la forme ſyllogiſtique, & même ſans la connoiſſance diſtincte de ces regles.

Fin des Élémens de Logique.

TABLE
DES
ÉLÉMENS DE LOGIQUE.

PREMIERE PARTIE
DE LA LOGIQUE.

SECONDE PARTIE
DE LA LOGIQUE.

TROISIEME PARTIE
DE LA LOGIQUE.
DU RAISONNEMENT.

QUATRIEME PARTIE
DE LA LOGIQUE.

Fin de la Table.

& de le vendre, faire vendre & débiter par tout notre Royaume, pendant le temps de fix années confécutives, à compter du jour de la date des Préfentes. Faifons défenfes à tous Imprimeurs, Libraires, & autres perfonnes, de quelque qualité & condition qu'elles foient, d'en introduire d'impreffion étrangere dans aucun lieu de notre obéiffance. Comme auffi d'imprimer, ou faire imprimer, vendre, faire vendre, débiter ni contrefaire ledit Ouvrage, ni d'en faire aucuns extraits, fous quelque pretexte que ce puiffe être, fans la permiffion expreffe, & par écrit, dudit Expofant, ou de ceux qui auront droit de lui, à peine de confifcation des Exemplaires contrefaits, de trois mille livres d'amende contre chacun des contrevenants, dont un tiers à Nous, un tiers à l'Hôtel-Dieu de Paris, & l'autre tiers audit Expofant, ou à celui qui aura droit de lui, & de tous dépens, dommages & intérêts; à la charge que ces Préfentes feront enrégiftrées tout au long fur le Regiftre de la Communauté des Imprimeurs & Libraires de Paris, dans trois mois de la date d'icelles; que l'impreffion dudit Ouvrage fera faite dans notre Royaume, & non ailleurs, en beau papier & beaux caracteres, conformément aux Réglements de la Librairie, & notamment à celui du 10 Avril 1725, à peine de déchéance du préfent Privilege; qu'avant de l'expofer en vente, le Manufcrit qui aura fervi de copie à

l'impreſſion dudit Ouvrage , ſera remis dans le
même état où l'Approbation y aura été donnée,
ès mains de notre très - cher & féal Chevalier,
Chancelier, Garde des Sceaux de France, le Sieur
DE MAUPEOU; qu'il en ſera enſuite remis deux
Exemplaires dans notre Bibliotheque publique, un
dans celle de nôtre Château du Louvre, & un dans
celle dudit Sieur DE MAUPEOU; le tout à peine
de nullité des Préſentes. Du contenu deſquelles
vous mandons & enjoignons de faire jouir ledit
Expoſant & ſes ayants cauſe, pleinement & paiſi-
blement, ſans ſouffrir qu'il leur ſoit fait aucun
trouble ou empêchement. Voulons que la Copie
des Préſentes, qui ſera imprimée tout au long,
au commencement ou à la fin dudit Ouvrage,
ſoit tenue pour duement ſignifiée, & qu'aux copies
collationnées par l'un de nos amés & féaux
Conſeillers-Secrétaires, foi ſoit ajoutée comme à
l'original. Commandons au premier notre Huiſſier
ou Sergent ſur ce requis, de faire pour l'exécution
d'icelles tous actes requis & néceſſaires, ſans
demander autre permiſſion, & nonobſtant clameur de haro, Charte Normande & Lettres à ce
contraires. CAR tel eſt notre plaiſir. DONNÉ à
Paris, le dix-ſeptieme jour du mois de Novembre,
l'an de grace mil ſept cent ſoixante - douze, &
de notre regne le cinquante-huitieme. Par le Roi,
en ſon Conſeil.

LE BEGUE.

Regiſtré ſur le Regiſtre XVIII de la Chambre Royale & Syndicale des Libraires & Imprimeurs de Paris, N°. 2223, ſol. 582, conformément au Réglement de 1723. A Paris, le 21 Novembre 1772.

C. A. JOMBERT, Pere, Syndic.

De l'Imprimerie de LOUIS JORRY, Fils, rue de la Huchette.

www.ingramcontent.com/pod-product-compliance
Ingram Content Group UK Ltd.
Pitfield, Milton Keynes, MK11 3LW, UK
UKHW021641170726
13836UKWH00005B/2310